Jürgen Pilottek

1 FRANZÖSISCH

Grammatik • Wortschatz

Jürgen Pilottek

1 Französisch

Grammatik • Wortschatz

GRIPS!

Augustus

Die Deutsche Bibliothek – CIP-Einheitsaufnahme
Französisch : erfolgreicher lernen mit Grips! – Augsburg :
Augustus
(Grips!)
Lernjahr 1. Grammatik, Wortschatz / Jürgen Pilottek
Buch. – 1998
ISBN 3-8043-4098-9

AUGUSTUS VERLAG, AUGSBURG 1998

Umschlaggestaltung und Grundlayout: Christine Paxmann, München
Layout: Engelbert Kaletka/Hartmut Schultes
Satz: Gesetzt aus 12/13 p ITC Officina Sans von Cicero Lasersatz GmbH, Dinkelscherben
Illustrationen: Vera Mika, Augsburg
Lektorat: Hartmut Schultes
Assistenz: Carina Janßen
Druck und Bindung: Offizin Andersen Nexö, Leipzig
Printed in Germany

ISBN 3-8043-4098-9

Inhalt

Vorwort

Willkommen beim Lerntraining mit GRIPS!
Mit vielen Merksätzen, Eselsbrücken und anschaulichen Beispielen unterstützt *Französisch 1.* dich beim Lernen. Zusätzlich trainierst du den Stoff mit einer Fülle von Übungen zur Grammatik und zum Wortschatz.

Der gesamte Lernstoff ist so aufgeteilt, dass du auf jeder Doppelseite ein spezielles Thema findest. Auf der linken Seite befinden sich die wichtigsten Regeln und etliche Beispiele, auf der rechten Seite viele Übungen zum Bearbeiten. Hast du auch die CD-ROM, findest du alle Themen auch darauf wieder. Dieses Buch ist als Arbeitsbuch zum Lernen und Hineinschreiben gedacht. Lernkästen, farbige Unterlegung und Schrift sowie Symbole am Rand zeigen dir auf den ersten Blick ganz besonders wichtige Informationen.

 **Ballon** Einstimmung, Interessantes	 **Trichter** Das sollst du auswendig wissen	 **Schlüssel** Tipp zum leichteren Lernen, Eselsbrücke
 **Lupe** genau lesen, hinsehen	 **Blitz** Warnung vor häufigen Fehlern	 **Palme** gönne dir eine Pause

Die Lösungen zu den Aufgaben findest du am Ende des Bandes. Auch wenn du vieles ins Buch direkt eintragen kannst, solltest du dir dennoch ein eigenes Übungsheft für umfangreichere Eintragungen und Lösungen und zum Nachschlagen für dich selbst anlegen.
Wir freuen uns, wenn wir Hinweise und Anregungen erhalten, wie wir unsere Bücher noch besser machen können. Wenn dir also etwas gar nicht oder aber besonders gut gefällt, schreibe uns einfach.

Postadresse:
Augustus Verlag
Jürgen Pilottek
Steinerne Furt 67
86167 Augsburg

E-Mail-Adresse:
feedback@lernen-mit-grips.de

Oder sieh doch mal auf unserer Homepage nach. Dort findest du immer interessante Neuigkeiten.

Internet-Adresse: http://www.lernen-mit-grips.de

Wie du mit diesem Buch am besten lernst

Willkommen beim Lerntrainer *Französisch 1. Lernjahr*. Wie du bereits am Titel erkennen kannst, ist das Buch nicht auf eine bestimmte Jahrgangsstufe in der Schule ausgerichtet. Egal ob du Französisch als 1., 2. oder 3. Fremdsprache lernst, du findest in diesem Lerntrainer alle im 1. Lernjahr wichtigen Themen. Mit dem in den Übungen verwendeten Wortschatz wirst du sicherlich keine Probleme haben.
Grundsätzlich kannst du jederzeit in jedes Kapitel des Buches einsteigen. Die Reihenfolge der Themen entspricht weitgehend dem logischen Aufbau, den du auch in der Schule vorfindest. Wenn du einen bestimmten Stoff einüben oder wiederholen willst, kannst du im alphabetischen Verzeichnis auf Seite 96 nachschauen.
Eine alphabetische Liste aller verwendeten grammatischen Fachbegriffe findest du am Ende des Buches vor den Lösungen. Neben der deutschen und französischen Bezeichnung ist jeweils ein kurzes Beispiel angegeben.
Um dich beim Lernen und Üben der unregelmäßigen Verben nicht allzu sehr zu belasten, sind diese Verben über die Kapitel verteilt. Die Fundstellen sind im alphabetischen Verzeichnis angegeben. Versäume nicht den Generaltest auf Seite 84 zu machen.
Für ein erfolgreiches Lernen ist es wichtig, dass du an deinem Arbeitsplatz ungestört arbeiten kannst. Räume also alles, was dich ablenken könnte, beiseite. Arbeite regelmäßig (am besten natürlich täglich!) mit dem Erfolgstrainer, wobei du im Normalfall (d.h. es stehen keine Klassenarbeiten unmittelbar bevor) ca. 15–25 Minuten für das Training aufwenden solltest. Auch wenn die Versuchung groß ist, versuche immer zuerst selbst eine Lösung zu finden, bevor du in den Lösungen nachsiehst.
Vergiss bei allem konzentrierten Arbeiten mit dem Erfolgstrainer nicht das französische «savoir-vivre»: Spaß und Freude haben, nicht alles gleich „zu eng zu sehen“ und bei jedem Problem sofort zu verzweifeln. «Savoir-vivre» und intensives und konzentriertes Arbeiten mit dem Buch werden dich sicher auf Erfolgskurs bringen.

Première Partie

L'Article indéfini au singulier (*un, une*)

Im Französischen gibt es im Gegensatz zum Deutschen nur **zwei** grammatische **Geschlechter**: Maskulinum und Femininum:
un garçon (ein Junge), **une** sœur (eine Schwester), **un** livre (ein Buch)

Der **Singular** des **unbestimmten Artikels** lautet im Maskulinum ***un*** und im Femininum ***une***.

Gilbert est	**un**	garçon.
Nicole est	**une**	fille.

Beachte: Viele Nomen sind im Deutschen maskulin, im Französischen jedoch feminin und umgekehrt:
eine Wohnung **un** appartement
ein Satz **une** phrase

Aussprache: Folgt nach dem unbestimmten Artikel ***un*** ein Nomen, das mit einem **Vokal** (a,e,i,o,u) oder mit einem **stummen h** beginnt, dann wird das **n** von ***un*** gesprochen:
u**n** **a**mi [ɛ̃**na**mi] u**n** **h**ôtel [ɛ̃**no**tɛl]

Exercices

1. Qu'est-ce que c'est? Complète par les noms et l'article indéfini.
(Was ist das? Setze die Nomen mit dem unbestimmten Artikel ein.)

a) 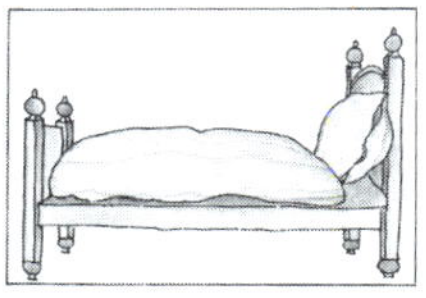
b) 
c) 
d) 
e) 
f) 

a) ______ b) ______

c) ______ d) ______

e) ______ f) ______

2. En français. Attention au genre. *(Achte auf das Geschlecht.)*

a) eine Wohnung ______

b) ein Zimmer ______

c) ein Tisch ______

d) eine CD ______

3. Prononciation. [ɛ̃] ou [ɛ̃n]? *(Aussprache)*
~~un café~~, un hôtel, un ami, un voisin, un livre, un élève, un taxi, un hôpital

a) [ɛ̃] b) [ɛ̃n]

un café ______ ______

______ ______

______ ______

______ ______

L'Article défini au singulier (*le, la*)

M. Murat est **le** père de Nicole. Mme Murat est **la** mère de Gilbert. Et Denise? Denise est **l**'amie de Nicole.

Der **Singular** des **bestimmten Artikels** heißt im Maskulinum ***le*** und im Femininum ***la***.

C'est	**le**	père de Nicole.
C'est	**la**	mère de Gilbert.

Beachte: Vor Vokal oder stummem **h** werden ***le*** und ***la*** zu ***l'*** verkürzt.

C'est	**l'**	**a**mie de Nicole.
C'est	**l'**	**h**ôtel *Ritz*.

Du kannst also in diesem Fall das Geschlecht des Nomens nicht am Artikel erkennen.

Tipp: Weil das grammatische Geschlecht im Französischen meist nur am Artikel zu erkennen ist, lerne **grundsätzlich jedes Nomen** mit seinem **Artikel**. Wenn das Nomen mit **Vokal** oder stummem **h** beginnt, lerne es mit dem **unbestimmten Artikel**: **un o**rdinateur, **un h**ôtel, **une a**mie.

Nomen, die Personen- und Verwandtschaftsbezeichnungen ausdrücken, haben das entsprechende Geschlecht (**natürliches Geschlecht**):
le garçon, **le** père, **le** monsieur
la fille, **la** mère, **la** dame

Exercices

1. Complète. (*Setze ein.*)

Au centre de Paris.

a) A Paris, l' Hôtel de Ville est Place de l'Hôtel de Ville. ______ rue de Rivoli est près de cette place. Là, il y a ______ magasin *La Samaritaine*.

b) Les touristes visitent aussi ______ Musée du Louvre et ______ Jardin des Tuileries. A ______ Place de la Concorde, ______ Avenue des Champs Elysées commence. Là, il y a ______ cinéma *Gaumont*. ______ Arc de Triomphe est sur ______ Place Charles de Gaulle.

2. Complète.

a) le père et la mère

b) ______ sœur et ______

c) ______ garçon et ______

d) ______ grand-mère et ______

e) ______ oncle et ______

3. Complète par l'article défini. Toujours Nicole!
(Setze den bestimmten Artikel ein. Immer Nicole!)

a) Voilà une chambre. C'est ______ chambre de Nicole.

b) Voilà un ordinateur. C'est ______ ordinateur de Nicole.

c) Voilà un chat. C'est ______ chat de Nicole.

Les Pronoms personnels I (*sujet*); être

Der berühmte französische Philosoph René Descartes (1596–1650) sagte einmal: «Je pense, donc **je suis**.» („Ich denke, also **bin ich**.“)
So wie für Descartes das Denken und das **Sein** von großer Bedeutung waren, so ist auch für dich das Verb ***être*** (sein) eines der wichtigsten französischen Verben (und leider auch eines der unregelmäßigsten!).

Hier also nun das Verb ***être*** im Präsens, dessen Formen du oft **laut** lesen musst, damit sie sich gut einprägen.

		Personalpronomen – Subjekt	**être**	
Singular	1. Person	**je**	**suis**	ich bin
	2. Person	**tu**	**es**	du bist
	3. Person	**il** / **elle** / **on**	**est**	er / sie / man } ist
Plural	1. Person	**nous**	**sommes**	wir sind
	2. Person	**vous**	**êtes**	ihr seid
	3. Person	**ils** / **elles**	**sont**	sie sind

Diese Personalpronomen (*je, tu, il* ...) sind im Satz immer **Subjekt**. Frage: **Wer?/Was?**
Sie stehen in Verbindung mit einem Verb.

Die 3. Person Singular ***on*** hat zwei Bedeutungen:
1. En France, **on** parle français. – In Frankreich spricht **man** Französisch.
2. **On** est de Paris. = **Nous** sommes de Paris. – **Wir** sind aus Paris.
In der Umgangssprache wird zunehmend ***on*** statt ***nous*** verwendet.

Beachte: gleiche Aussprache bei *tu* ***es*** und *il* ***est***

Exercices

1. Complète les dialogues par *être*. (*Ergänze in den Dialogen die Formen von être.*)

Dans la rue.

a) Salut! Je ______ Jacques. Et toi? Tu ______ Denise? – Mais non! Je ______ Nathalie. Denise, c' ______ l'amie de Nicole.

b) Pardon, vous ______ bien Madame Nadaud? – Non, je ______ Mme Legros. M. et Mme Nadaud ______ à Strasbourg.

c) Salut, Nicole! Salut, Gilbert! Vous ______ toujours à Paris? – Oui. Nous ______ toujours là. Mais papa et maman ______ déjà à Marseille.

2. Traduis. (*Übersetze.*)

a) Salut, Jacques! On joue au foot avec les filles? ______

______

b) En Allemagne on parle allemand. ______

______

c) On mange bien au *Ritz*. ______

d) Vous êtes de Marseille? – Non, on est de Lyon. ______

______

Les Verbes en -er (*chercher*)

– Nathalie, tu cherch**es** quelque chose?
– Oui, je cherch**e** mon CD.

Beim Verb unterscheiden wir zwischen **Stamm** und **Endung**, so z.B. im Infinitiv: ***cherch-er***

Etwa 90% der französischen Verben enden auf **-er**.

chercher (suchen)

je	cherch	**e**	nous	cherch	**ons**
tu	cherch	**es**	vous	cherch	**ez**
il, elle	cherch	**e**	ils, elles	cherch	**ent**

Beachte: Nur die Endungen **-ons** und **-ez** werden ausgesprochen.
Wenn das Verb mit einem **Vokal** oder stummem **h** beginnt:
1. **je** wird zu **j'**: **j'e**ntre, **j'h**abite
2. Bindung in der Aussprache bei: o**n e**ntre, nou**s e**ntrons, vou**s e**ntrez, il**s e**ntrent, elle**s e**ntrent

Hier kannst du den Unterschied zwischen dem Singular und dem Plural **hören**:

il arrive [ilariv] — il**s** **a**rrivent [ilzariv]

elle arrive [ɛlariv] — elle**s** **a**rrivent [ɛlzariv]

Achtung: Unterscheide zwischen *cherch**er*** und *vous cherch**ez*** (gleiche Aussprache!).
Vergiss nie das **-s** in der 2. Person Singular: *tu cherche**s*** (ein häufiger Fehler!).

Exercices

1. Complète.

a) Tu écout___ un CD? – Oui, j'écout___ un CD de jazz. J'aim___ bien le jazz.

b) Gilbert entr___ dans la salle de séjour. Il cherch___ une BD. Il regard___ partout.

c) Gilbert et Patrick, vous jou___ au basket? – Non, nous jou___ au foot. On n'aim___ pas le basket.

d) Nicole et Nathalie organis___ une fête. On fêt___ l'anniversaire de Patrick. Elles travaill___ beaucoup.

2. Complète les phrases. (*Ergänze die Sätze.*)

a) Tu regard___ une revue? – Non, je ___ une BD. Papa ___ un journal, Nicole et Nathalie ___ un magazine de jeunes.

b) Vous cherch___ un hôtel? – Non, nous ___ un restaurant.

3. Complète. Accorde les verbes. (*Gleiche die Verben an.*)

aimer, regarder, arriver, écouter, rester

a) Denise et Nadine ___ chez Jacques. Il ___ une cassette. Il ___ le jazz.

b) Tu ___ dans la salle de séjour? – Oui, je ___ la télévision: il y a un match de foot.

Les Pronoms personnels II (*il, ils, elle ...*)

Où est **Gilbert**?	– **Il**	est dans la cuisine.
Où est **le** livre?	– **Il**	est sur la table.
Où est **Nicole**?	– **Elle**	est dans sa chambre.
Où sont **les garçons**?	– **Ils**	sont à Paris.
Où sont **les filles**?	– **Elles**	sont à Marseille.

Die Pronomen ***il*** und ***ils*** stehen für **maskuline**, ***elle*** und ***elles*** für **feminine** Nomen und Eigennamen.

Werden maskuline und feminine Nomen **zusammen** vertreten, so steht im Französischen ***ils***:
Où sont les garçons et les filles? – **Ils** sont à Lyon.

Beachte: Im Gegensatz zum Deutschen wird im Französischen bei den Subjektpronomen der 3. Person im Plural zwischen Maskulinum und Femininum unterschieden:

Que font les copains?	**Ils** jouent au foot.
	Sie spielen Fußball.
Que font les filles?	**Elles** jouent avec l'ordinateur.
	Sie spielen mit dem Computer.

Die 2. Person Plural ***vous*** dient auch als **Höflichkeitsform** (**Sie**) im Singular und Plural:
Bonjour, monsieur. **Vous** habitez à Lyon? – Wohnen **Sie** in Lyon?
Bonjour, M. et Mme Legros. **Vous** êtes de Paris? – Sind **Sie** aus Paris?
Auch in der Bedeutung „**Sie**" wird ***vous*** kleingeschrieben.

Exercices

1. Complète par *il, elle, ils, elles.*

a) Denise et Nicole entrent dans la chambre de Nathalie. __________ cherchent une cassette.

b) Jacques est dans un club de basket. __________ organise un match.

c) Où est la BD? __________ est sur le lit.

d) Voilà Patrick et Gilbert. __________ travaillent pour la fête.

2. Traduis. Utilise *il, elle, ils, elles.* *(Übersetze. Verwende il, elle …)*

a) (die Mutter) Sie betritt das Zimmer von Catherine. Elle __________

____

b) *(das Mädchen)* Es erzählt eine Geschichte. __________

c) *(die Freunde)* Sie finden eine CD von Bizet. __________

____

d) *(die Freundinnen)* Sie diskutieren mit dem Lehrer. __________

____

e) *(M. et Mme Legros)* Sie suchen ein Hotel. __________

3. Traduis.

a) Bonjour, monsieur. Vous cherchez un restaurant?

Guten Tag. __________

b) M. et Mme Murat, vous êtes d'accord? __________

____

L'Interrogation I; moi, toi

Salut! Tu t'appelles **comment**? – **Moi**, je m'appelle Denise. Et **toi**? – Je suis Patrick.

Fragen **ohne Fragewort**, die du also mit „ja“ oder „nein“ beantworten kannst, unterscheiden sich vom Aussagesatz durch die **steigende** Satzmelodie (**Intonation**).

Véronique est une amie de Nicole**?**

Fragen **mit einem Fragewort** können das Fragewort am **Satzende** (**steigende** Intonation!) oder am **Satzanfang** (**fallende** Intonation!) haben.

Tu t'appelles **comment**?

Où est Valérie?

Merke dir gut folgende **Kurzfragen**:

Que fait ...?	Was macht ...?	Que font ...?	Was machen ...?
Où est ...?	Wo ist ...?	Où sont ...?	Wo sind ...?
Qui est ...?	Wer ist ...?	Qui sont ...?	Wer sind ...?
Qui est-ce?	Wer ist das?		

moi, toi

Du hast bereits die Subjektpronomen ***je*** und ***tu*** kennen gelernt, die immer **zusammen** mit einem **Verb** stehen.

Die **unverbundenen** Personalpronomen ***moi*** und ***toi*** (1. und 2. Person Singular) stehen:
1. in Sätzen **ohne Verb**: Je suis de Monaco. Et **toi**? – **Moi** aussi.
2. nach **Präpositionen**: Gilbert est **avec moi**.
3. zur **Hervorhebung** des Subjekts: **Moi**, **je** travaille.
4. nach **c'est**: C'est toi? – Oui, **c'est moi**.

Exercices

1. Trouve les questions. *(Finde die Fragen.)*

a) ______________________? Oui, je parle français.

b) ______________________? Oui, la ville est chouette.

c) ______________________? Nous travaillons pour la fête.

2. Trouve les questions.

a) Tu habites où? J'habite à **Cannes**.

b) ______________________ Je m'appelle **Christian**.

c) ______________________ Nous faisons la fête **dans la rue**.

d) ______________________ Nous arrivons **à midi**.

3. Pose les questions. Utilise *que fait, où est* ...
(Stelle die Fragen. Verwende que fait ...)

a) Que font Jacques et Gilbert? Jacques et Gilbert **travaillent**.

b) ______________________ C'est **Nathalie**.

c) ______________________ Pierre **écoute un CD**.

d) ______________________ **M. Nadaud** est le directeur.

e) ______________________ Patrick est **dans la cuisine**.

4. Complète par *moi* ou *toi*.

a) C'est ________, Nicole? – Oui, c'est ________. Tu joues avec ________?

b) ________, je joue au volley. ________, tu travailles pour le test.

Le Nom au pluriel

une table

deux table**s**

un ballon

deux ballon**s**

Die Nomen erhalten im **Plural** ein -s.

Achtung: Vergiss beim Schreiben das Plural-s nicht. Es wird nicht ausgesprochen.

Merke dir folgende **Ausnahmen**:

1. Nomen, die auf -eau enden, erhalten im Plural ein -x:
   un tableau (eine Tafel) – deux tableau**x**; un cadeau (ein Geschenk) – trois cadeau**x**; un plateau (ein Tablett) – deux plateau**x**
2. Nomen auf -al bilden den Plural auf -aux:
   un animal (ein Tier) – trois anim**aux**; un journal (eine Zeitung, ein Tagebuch) – deux journ**aux**; un cheval (ein Pferd) – deux chev**aux**
3. Nomen auf -s oder -x sind im Plural **unverändert**:
   un pri**x** (ein Preis); un cour**s** (eine Unterrichtsstunde); une souri**s** (eine Maus)
4. Sonderformen: madame – **mes**dame**s**; monsieur – **mes**sieur**s**; mademoiselle – **mes**demoiselle**s**
5. **Familiennamen** stehen im Plural **ohne** -s: les Murat.

Exercices

1. Mets les noms au pluriel. *(Setze die Nomen in den Plural.)*

Toujours **deux** ...

a) un carton — deux ______

b) un garçon et une fille — ______

c) une cathédrale — ______

d) un chat et un chien — ______

2. Complète. Pauvre Jacques! *(Armer Jacques!)*

Jacques a ...	Gilbert a **deux** ...
a) ... un ballon.	... ballons
b) ... un cadeau.	... ______
c) ... un animal.	... ______
d) ... un tableau.	... ______
e) ... un cheval.	... ______
f) ... un cours de maths.	... ______
	Pauvre Gilbert!

3. Mets au pluriel.

a) Bonjour, mademoiselle! — Bonjour, ______

b) Bonjour, madame! — Bonjour, ______

c) Au revoir, monsieur! — Au revoir, ______

Les Articles au pluriel *(les, des)*

Voilà **des** cadeaux.

Ce sont **les** cadeaux de Nadine.

Die Formen der Artikel sind im **Plural** für Maskulinum und Femininum **gleich**.

Bestimmter Artikel		Unbestimmter Artikel	
Singular	**Plural**	**Singular**	**Plural**
le jardin	**les** jardin**s**	un ballon	**des** ballon**s**
la rue	**les** rue**s**	une photo	**des** photo**s**
l'ami	**les** ami**s**		

Merke: Im Deutschen (wie auch im Englischen) gibt es **keinen** unbestimmten Artikel Plural.
des livres Bücher books

Aussprache: Vor Vokal oder stummem **h** werden ***les*** und ***des*** stimmhaft gebunden: le**s** **a**mis [le**z**ami] de**s** **h**ôtels [de**z**otɛl]

Tipp: Oft können Singular und Plural eines Nomens nur durch den **Artikel** unterschieden werden (das Plural-**s** ist nicht hörbar!). Unterscheide also bei der Aussprache genau zwischen ***le*** [lə] und ***les*** [le]:
le café [l**ə**kafe] les cafés [l**e**kafe]

Exercices

1. Complète par les articles.

a) Mme Murat arrive avec ______ cartons dans la chambre de Nadine. Elle pose ______ cartons sur la table. Nadine: – Ils sont pour moi, ______ cartons? Qu'est-ce qu'il y a dans ______ cartons? – Mme Murat: – Dans ______ cartons, il y a ______ cadeaux. Ce sont ______ cadeaux pour ton anniversaire.

b) Dans la rue de Rivoli, il y a ______ magasins, ______ cafés et ______ restaurants.

2. Mets les phrases au pluriel.

a) Un touriste visite la cathédrale.

Des ______

b) Le verre est sur la table. ______

c) Le guide explique le monument.

______

d) Un élève joue une pièce de théâtre.

______

3. Traduis.

a) Die Mädchen hören CDs. ______

b) Gilbert schaut Fotos und Comics an. ______

______

L'Impératif; avoir

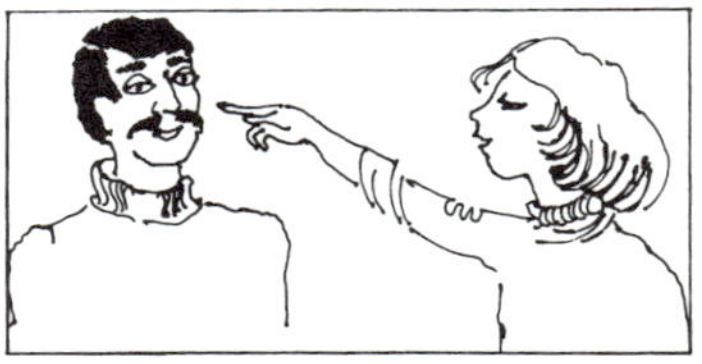

Ecout**e**. Hör zu!
Ecout**ez**. Hören Sie zu!

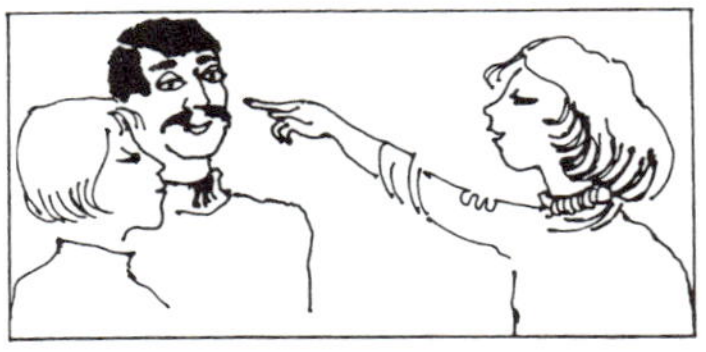

Ecout**ez**. Hört zu! Hören Sie zu!

Ecout**ons**. Hören wir (doch) zu!
Lasst uns zuhören!

Beachte: Ecout**e**. (**kein -s**!) aber: **tu** écout**es**
Der Imperativ wird **ohne** Personalpronomen gebildet:
Restez. – Bleiben **Sie**! Restons. – Bleiben **wir**!

avoir (haben)

Nach *être* (siehe Seite 12) lernst du nun ein zweites sehr wichtiges unregelmäßiges Verb.

j'	**ai**	ich habe
tu	**as**	du hast
il, elle	**a**	er, sie hat
nous	**avons**	wir haben
vous	**avez**	ihr habt
ils, elles	**ont**	sie haben

Aussprache: ils‿ont [ilzõ] ils sont [ilsõ]

Beachte: Bei der **Altersangabe** wird ***avoir*** verwendet:
Il **a** 14 ans. – Er **ist** 14 Jahre alt.

Tipp: Vergiss nie das **-s** bei *tu* ***as***.

Exercices

1. Trouve les impératifs. (*Finde die Imperative.*)

Was sagt Frau Murat, wenn

a) Gilbert das Zimmer nicht aufräumt?

Range la ______

b) Gilbert nicht in der Küche hilft?

______

c) Nicole das Sandwich nicht isst?

______

d) Gilbert und Nicole für die Mathestunde nicht arbeiten?

______

e) die beiden die Texte nicht anschauen?

______

f) sie mit den beiden den Geburtstag von Nathalie feiern will?

______

2. Complète par *avoir.*

Un journaliste pose des questions.

Bonjour, Denise! Tu ______ quel âge? – J' ______ 14 ans. – Tu ______ des frères et sœurs? – Oui, j' ______ un frère. Il ______ 15 ans. – Vous ______ une maison à Paris? – Non, nous ______ un appartement.

Les Nombres I *(0 à 20)*

Zahlen haben in einer Sprache eine ganz wichtige Bedeutung. Ob beim Einkaufen, im Café, in der Disco, auf dem Bahnhof oder im Hotel, immer musst du Zahlen verstehen oder aussprechen können.
Zunächst behandeln wir nur die Zahlen bis 20. Auf die **fett** gedruckten Zahlen musst du besonders achten.

1	**un, une**	11	**onze**
2	**deux**	12	douze
3	**trois**	13	treize
4	quatre	14	quatorze
5	cinq	15	quinze
6	**six**	16	seize
7	sept	17	**dix-sept**
8	**huit**	18	dix-huit
9	neuf	19	dix-neuf
10	**dix**	20	vingt

Beachte: *deux*, *trois*, *six* und *dix* werden vor Vokal oder stummem **h** mit stimmhaftem **s** [z] gebunden: si**x** **a**mis [sizami], troi**s** **h**ôtels [trwazotɛl].

Vor den Zahlen wird nicht gebunden: **le** || **h**uit octobre; **les** || **o**nze livres; **de** || **u**n à six.

Verwendung als **Nomen**: C'est **un** trois. – Das ist **eine** Drei.

Zéro (Null) ist ein maskulines Nomen und kann somit in den Plural gesetzt werden: deux zéro**s**.

Nur die Zahl **1** richtet sich nach dem Geschlecht des Nomens (vgl. dazu den Unbestimmten Artikel, Seite 8):
Patrick a **un** CD. Nadine a **une** BD.

Exercices

1. Ecris les chiffres en toutes lettres. *(Schreib die Zahlen aus.)*

a) 0 zéro ______ 11 ______

b) 13 ______ 4 ______

c) 17 ______ 10 ______

d) 20 ______ 18 ______

e) 6 ______ 15 ______

f) 14 ______ 8 ______

g) 5 ______ 16 ______

2. Complète. On fête les anniversaires.

a) (Denise / 16 avril / 13 ans) On est le seize avril. C'est l'anniversaire de Denise. Elle a ______ ans aujourd'hui.

b) (Gilbert / 19 / 15) On est le ______ mars. Gilbert a ______ ans.

c) (Nadine / 18 / 14) On est le ______ octobre. Nadine a ______ ans.

d) (Nicole / 12 / 11) On est le ______ mai. Nicole a ______ ans.

e) (Jacques / 17 / 20) On est le ______ avril. Jacques a ______ ans.

f) Et toi? Tu as quel âge? J'ai ______ ans.

Bon anniversaire!

Les Nombres II *(21 à 100)*

Zum Einüben der Zahlen hat sich der Auto-Zufallsgenerator bestens bewährt. Schau dir beim Laufen auf der Straße die Nummernschilder der Autos an und sage dir die letzten beiden Zahlen (Zehner und Einer) möglichst schnell auf.

Achte auch bei den folgenden Zahlen genau auf die **fett** gedruckten.

21	vingt **et** un/une	70	**soixante-dix**
22	vingt-deux	71	**soixante et onze**
23	vingt-trois	72	soixante-douze
24	vingt-quatre	...	
...		80	**quatre-vingts**
30	trente	81	**quatre-vingt-un/une**
31	trente **et** un/une	...	
32	trente-deux	90	**quatre-vingt-dix**
...		91	**quatre-vingt-onze**
40	quarante	92	quatre-vingt-douze
50	cin**qu**ante	...	
60	soixante	100	cent

Merke: Der **Einer 1** wird bis 61 mit ***et***, die anderen Einer mit **Bindestrich** angeschlossen: trente **et** un/une; trente**-**deux
quatre-vingt**s** (80 = 4 x 20) hat ein Plural**-s**, wenn **keine** weitere Zahl folgt:
quatre-vingt**s** photos   aber: quatre-vingt-deux CD

Wer mehr wissen will: Die Hunderter

200	deux cents	500	cinq cents
300	trois cents	600	six cents
400	quatre cents	...	
...		1000	mille

Für ***cent(s)*** gilt die gleiche Regel wie für ***quatre-vingt(s)***:
deux cent**s** photos   aber: deux cent trente CD

Exercices

1. Ecris les chiffres en toutes lettres.

a) 26 vingt-six ________ 42 ________

b) 53 ________ 80 ________

c) 71 ________ 84 ________

d) 90 ________ 31 ________

e) 67 ________ 73 ________

2. Ecris les numéros de téléphone.

a) M. Rousseau: Mon numéro, c'est le 02.48.77.16.80. zéro deux,

quarante- ________

____

b) M. Dubois: 04.91.55.18.74 ________

____

3. Complète. Des dialogues au marché. *(Gespräche auf dem Markt.)*

a) Bonjour, madame. Deux kilos de tomates, s'il vous plaît. – Ça fait vingt- ________ (24) F. – Voilà ________ (50) F. – Et voilà ________ (26) F. Au revoir, madame.

b) Deux kilos de bananes, s'il vous plaît. – Ça fait ________ (19) F. – Voilà ________ (100) F. – Et voilà ________ (?) F. Merci, madame.

Vocabulaire: Une rue

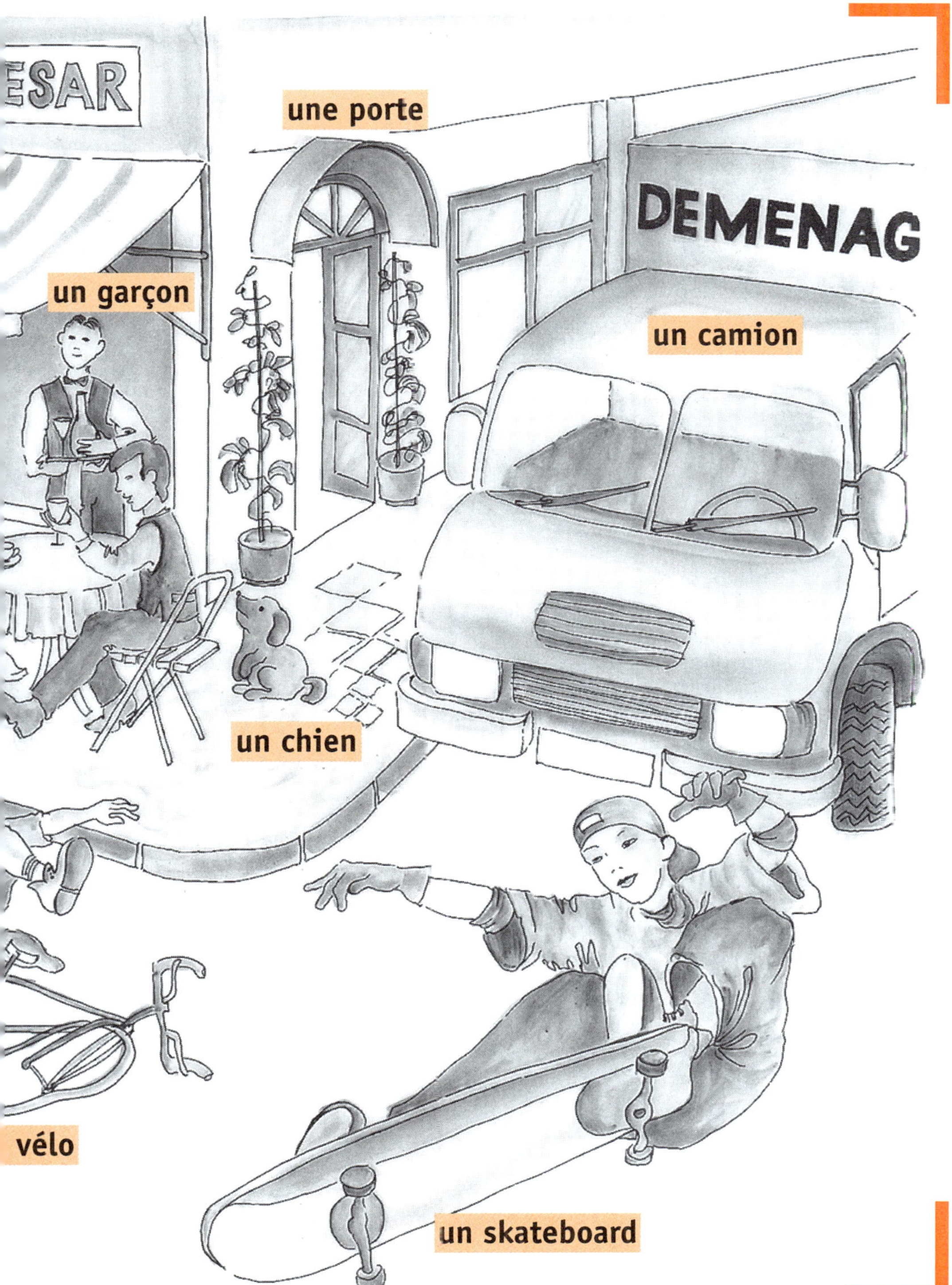
ESAR
une porte
DEMENAG
un garçon
un camion
un chien
vélo
un skateboard

Test I (Stoff: *les articles, les verbes en -er, avoir, être*)

1. Dictée (Das Diktat findest du im Lösungsteil.)

2. Complète par les articles.

a) ______ grand-mère de Denise est dans ______ salle de séjour.

b) Elle regarde ______ télévision. Il y a ______ match de foot.

c) Denise est là aussi. Elle regarde ______ BD.

d) – Dis , grand-mère, tu aimes ______ BD d'Astérix?

e) – Mais non! J'aime ______ romans de Flaubert.

f) Nathalie entre avec ______ cahier et ______ livres.

g) – J'ai encore ______ devoirs. Mais je voudrais aller en ville.

3. Complète par *avoir* ou *être*.

a) Il ______ 5 heures. Les parents de Nathalie et Denise ______ dans la salle de séjour. Denise ______ dans la chambre de Nathalie.

b) Nathalie entre. Elle ______ une bouteille de coca. – Tu ______ soif? – Bien sûr. J' ______ soif. Merci. Mais où ______ Gilbert? Tu ______ une idée?

c) Il ______ au club photo. Je ne trouve pas ça très juste! Il ______ toujours avec des amis, et nous, nous ______ toujours à la maison. – Et nous ______ des devoirs!

4. L'intrus. Trouve les 5 intrus et fais 5 phrases. *(Finde die 5 Eindringlinge und bilde 5 Sätze mit ihnen.)*

a) le père / la grand-mère / le frère / l'ami

l'ami; Gilbert est

b) la salle de bains / la télévision / la cuisine / la chambre

c) la maison / l'hôtel / la cassette / l'université

d) le foot / l'ordinateur / le judo / le volley-ball

e) la rue / la place / la cathédrale / la photo

5. En français. Ecris le dialogue.

Denise wartet mit ihrer Familie am Bahnhof auf ihre Austauschpartnerin Katrin. Sie begrüßt ein Mädchen und stellt sich vor. Vorsichtshalber fragt sie, ob das Mädchen Katrin heißt. Katrin bejaht, begrüßt Denise und fragt, wie es ihr geht. Denise antwortet ihr und stellt ihr dann ihre Eltern und ihre Schwester Nathalie vor. Gilbert stellt sich selbst vor. Katrin begrüßt sie.

Denise: Salut! Je suis

Katrin:

Denise:

Gilbert:

Katrin:

Test II (Stoff: *l'interrogation, le nom au pluriel, l'impératif, les nombres)*

1. Dictée (Das Diktat findest du im Lösungsteil.)

2. Trouve les questions du journaliste. Un journaliste fait une interview avec Katrin. Après l'interview, il note: *Katrin habite à Halle, en Allemagne. Halle est près de Leipzig. Katrin a quatorze ans. Elle a deux frères: Florian et Simon. Son père travaille à la poste. Elle aime beaucoup Paris. A Paris, elle habite chez les Murat.*

a) Tu habites où, en Allemagne?

b) ______ c) ______

d) ______

e) ______ f) ______

g) ______

3. Trouve le pluriel des noms.

a) la chambre	les chambres	un ami	des ______
b) un journal	______	le prix	______
c) la fleur	______	un hôtel	______
d) le cours	______	le livre	______
e) la fille	______	le cadeau	______
f) une souris	______	le fruit	______
g) un tableau	______	un ballon	______
h) madame	______	monsieur	______
i) un cheval	______	mademoiselle	______

4. S'il vous plaît! Fais des phrases avec l'impératif.

a) Nicole bittet Jacques mit ihr Fußball zu spielen.

Joue au ______________________________, s'il te plaît.

b) Luc bittet den Lehrer die Aufgabe (le problème) zu erklären.

Monsieur, ______________________________, s'il vous plaît.

c) Herr Murat bittet die Kinder hereinzukommen.

____

d) Denise bittet Katrin (noch) in Paris zu bleiben.

____

e) Marc will zusammen mit seinen Freunden fernsehen.

____

5. Ils ont quel âge? Complète. Ecris les chiffres.

Angenommen, wir sind im Jahr 1997. Angegeben ist jeweils das Geburtsjahr. Wie alt sind die Personen? Zahlen bitte ausschreiben.

a) Valérie (1978): Elle a ______________________________

b) Paul (1986): ______________________________

c) M. Nadaud (1955): ______________________________

d) Le grand-père (1917): ______________________________

e) Mme Nadaud (1958): ______________________________

f) La grand-mère (1921): ______________________________

6. Ton âge et ton numéro de téléphone, s'il te plaît. Ecris les chiffres.

____

Seconde Partie

L'Heure I

– Pardon, monsieur, quelle heure est-il?
– Regardez. Il est neuf heures et demie.

Il est neuf heures.

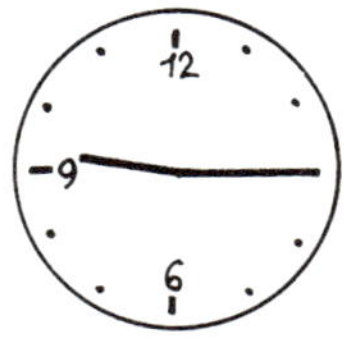

Il est neuf heures **et** quart.

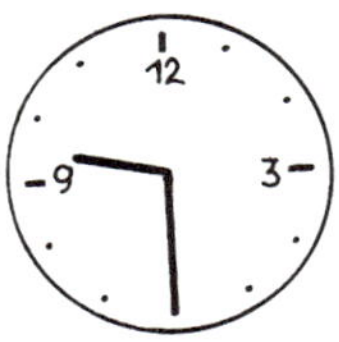

Il est neuf heures **et** demi**e**.

Il est **dix** heures **moins le** quart.

Beachte: Vergiss nicht das Plural-**s** bei ***heure***!
Il est **une** heure. aber: Il est **deux** heure**s**.

Der bestimmte Artikel steht nur bei ***moins le*** *quart:*
Il est trois heures moins **le** quart. aber: Il est trois heures **et quart**.

Merke: Für die Uhrzeit in der **Umgangssprache** gilt:
1. Die Stunden werden für Tag und Nacht jeweils von 1–12 gezählt.
2. Sonderformen: Es ist 12 Uhr mittags: Il est **midi**.
Es ist 12 Uhr nachts: Il est **minuit**.

Exercices

1. Le mardi de Nadine. Que fait Nadine le mardi?

a) 7 h 00: (être) dans la salle de bains

A sept heures, elle

b) 7 h 15: (entrer) dans la cuisine

c) 7 h 30: (quitter) la maison

d) 8 h 00: (arriver) au collège

e) 9 h 45: (avoir) une récréation

f) 12 h 00: (manger) à la cantine

g) 2 h 00: (avoir) un cours de maths

h) 4 h 45: (rentrer) à la maison

2. Trouve la phrase.

Ahuitheuresetquartnadineregardelatélévision.

L'Heure II

So kannst du nach der Uhrzeit fragen:
Quelle heure est-il? *Il est quelle heure?*
Tu as l'heure? *Vous avez l'heure?*
(Übrigens: Ein *s'il te plaît* oder *s'il vous plaît* macht sich immer gut!)

Angabe der **Minuten** in der **Umgangssprache**:

In der **ersten** halben Stunde werden die Minuten zur vorhergehenden Stunde dazugezählt:
Il est ...

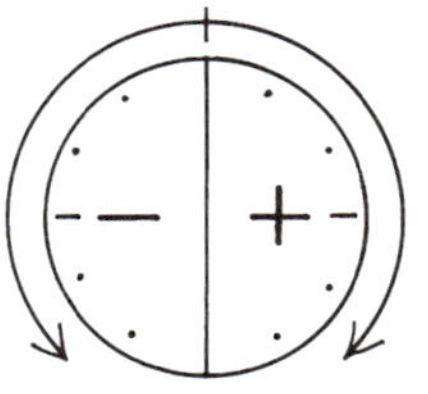

4:12	quatre heures douze.
17:25	cinq heures vingt-cinq.
12:17	midi dix-sept.

In der **zweiten** halben Stunde werden die Minuten von der nächsten Stunde abgezogen:
Il est ...

5:55	six heures moins cinq.
14:33	trois heures moins vingt-sept.
23:58	minuit moins deux.

An Bahnhöfen, Flughäfen oder beim Fernsehen z.B. wird die Zeit **offiziell** angegeben.
Wie im Deutschen werden die Stunden von 0 bis 24 und die Minuten von 1 bis 59 angegeben:
Il est ...

17:30	dix-sept heures trente.
0:53	zéro heure cinquante-trois.
12:22	douze heures vingt-deux.

Beachte: Il est un**e** heure. Il est **vingt** et un**e** heure**s**.

Exercices

1. Le professeur M. Hypercorrect dit aux élèves:
(Lehrer Hyperkorrekt sagt den Schülern:)

a) Vous arrivez au collège à huit heures moins ______ (7 h 48).

b) Vous entrez dans la salle de classe à ______ (8 h 11).

c) La récréation est à ______ (9 h 46).

d) Vous mangez à la cantine à ______ (11 h 57).

e) Vous quittez le collège à ______ (4 h 23).

2. Complète. A la gare.

– Pardon, monsieur, le train de Marseille arrive à quinze ______

______ (15 h 24)?

– Mais non, madame! Il arrive à ______

______ (16 h 12).

3. Salade de mots. Fais les phrases.

a) joue / à / dans / Jacques / heures / club de foot / sept / un

______

b) heures / il / ordinateur / à / neuf / joue / l' / avec

______

La Négation (*ne … pas*); faire

Gilbert **n**'a **pas** faim.
Il **ne** travaille **pas**.
Il **n**'aime **pas** les devoirs.

Bei der **Verneinung** steht ***ne*** vor dem Verb und ***pas*** nach dem Verb:

Il **ne** rentre **pas**.	Er kommt nicht heim.
Elle **ne** reste **pas**.	Sie bleibt nicht.

Vor Vokal oder stummem **h** wird ***ne*** zu ***n'***:

Il **n'h**abite pas à Paris.	Elle **n'a** pas faim.

Beachte: In gleicher Weise wird der **Imperativ** verneint:

Ne reste **pas**.	Bleibe nicht!
N'entrez **pas**.	Kommt nicht herein!

Weitere Möglichkeiten einer Verneinung sind:

Il **ne** travaille **plus**.	Er arbeitet **nicht mehr**.
Elle **n**'oublie **rien**.	Sie vergisst **nichts**.
Nous **ne** mentons **jamais**.	Wir lügen **nie**.
Je **ne** trouve **personne**.	Ich finde **niemand**.

In (verkürzten) Sätzen **ohne Verb** entfällt das Verneinungselement ***ne***:

Qui est dans la chambre?	**Personne**. (Niemand!)
René, tu joues au foot?	**Pas** aujourd'hui. (Heute nicht!)

faire (machen)

je	**fais**	nous	fai**sons**
tu	**fais**	vous	fai**tes**
il, elle	**fait**	ils, elles	**font**

Imperativ:
fais, faisons, faites

Beachte besonders die **Plural**formen!
Aussprache: nous faisons [nufəzõ]

Exercices

1. Complète par l'impératif. Was sagst du, wenn

a) Nadine nicht rauchen soll? Ne fume pas.

b) sie die Straße nicht überqueren soll? ______

c) die Jungen nicht Fußball spielen sollen? ______

d) ihr nicht arbeiten wollt? ______

2. Nadine est malade. Qu'est-ce qu'elle ne fait pas?

a) Elle n'écoute pas la radio. (écouter la radio)

b) ______ (regarder la télé)

c) ______ (travailler à la cuisine)

d) ______ (inviter les amies)

3. Traduis.

a) Wir erzählen nichts. ______

b) Du wohnst nicht mehr in Lyon. ______

c) Sie ruft nie an. ______

d) Ihr ladet niemand ein. ______

4. Complète par *faire*.

a) – Nathalie, tu ______ la cuisine? – Non, je ______ ma chambre.

b) – Et qui ______ les lits? – Mais écoute, Luc et Marc ne ______ rien.

c) – Alors, Luc et Marc, vous ______ les lits? – Nous ______ une promenade.

Les Auxiliaires *(vouloir, pouvoir, savoir)*

– Gilbert, tu **veux** jouer au volley?
– Je **sais** jouer au volley.
Mais aujourd'hui, je ne **peux** pas jouer au volley.

vouloir (wollen)		**pouvoir** (können)		**savoir** (können)	
je	**veux**	je	**peux**	je	**sais**
tu	veu**x**	tu	peu**x**	tu	sais
il, elle	veu**t**	il, elle	peu**t**	il, elle	sait
nous	v**ou**lons	nous	p**ou**vons	nous	sa**v**ons
vous	v**ou**lez	vous	p**ou**vez	vous	sa**v**ez
ils, elles	v**eu**lent	ils, elles	p**eu**vent	ils, elles	sa**v**ent

Die **Hilfsverben** ***vouloir*** (wollen), ***pouvoir*** (können) und ***savoir*** (können) können einen Infinitiv bei sich haben:
Je veux **manger** une banane.
Tu peux **regarder** la télévision.
Ils savent **jouer** de la guitare.

Ohne Infinitiv hat *savoir* die Bedeutung *(etwas) wissen*.

Verneinung: Je **ne** peux **pas** jouer au basket. J'ai la jambe dans le plâtre.
Der **Infinitiv** wird **nicht** in die Verneinung eingeschlossen.

Unterscheide: für deutsch **können** sagt man im Französischen

Tu **sais** parler français?	–	**Kannst** du Französisch sprechen?
Il **sait** jouer du violon.	–	Er **kann** Geige spielen.
Tu **peux** prendre ma voiture.	–	Du **kannst** mein Auto nehmen.

(***savoir***: wissen, wie es geht)

Exercices

1. Complète par *savoir* (wissen).

Un touriste veut ____________ où est l'hôtel *Ritz*. Il demande à deux garçons: – Pardon, vous ____________ où est l'hôtel *Ritz*? Je ne ____________ pas où il est. – Non, nous ne ____________ pas où c'est. Nous sommes des touristes. Mais là-bas, il y a un agent de police. Il le ____________ sûrement.

2. Complète par *vouloir* ou *pouvoir*.

a) Je ____________ aller au cinéma. – Tu ne ____________ pas aller au cinéma. Il est fermé.

b) Nathalie ____________ écouter une chanson, mais elle ne ____________ pas, parce qu'elle ne trouve pas la cassette.

c) Vous ____________ aller en ville? Mais vous ne ____________ pas faire ça, vous avez encore des devoirs!

d) Les garçons ____________ jouer au foot, mais ils ne ____________ pas, parce qu'ils ne trouvent pas le ballon.

3. Traduis. *Pouvoir* ou *savoir*?

a) Jacques, kannst du in den Supermarkt gehen und Orangen kaufen?

____

b) Gilbert kann gut Fußball spielen. Er ist in einem Fußballverein.

____

c) Ich kann nicht spielen. Ich bin krank.

____

Les Déterminants possessifs I (*mon, ton* ...)

– Où est **mon** chat?
– Mais regarde, **ton** chat est là.

Die Possessivbegleiter der 1.–3. Person Singular

	maskulin		feminin		Plural	
Je cherche	**mon**	livre	**ma**	photo	**mes**	livres/photos.
Tu cherches	**ton**	livre	**ta**	photo	**tes**	livres/photos.
Il cherche	**son**	livre	**sa**	photo	**ses**	livres/photos.
Elle cherche	**son**	livre	**sa**	photo	**ses**	livres/photos.

Beachte: Vor **femininen** Nomen, die mit **Vokal** oder **stummem** **h** beginnen, stehen ***mon, ton, son*** (anstelle von *ma, ta, sa*):
mon amie, **ton h**istoire

Nur bei Nomen im **Singular** musst du zwischen maskulin und feminin unterscheiden: **un** frère – **mon** frère; **une** sœur – **ma** sœur
Aber: **mes** frères; **mes** sœurs

Achtung: Unterscheide in der **3. Person** im Deutschen und im Französischen:

Il regarde	**son** livre.	–	**Er** schaut	**sein** Buch an.
Elle regarde	**son** livre.	–	**Sie** schaut	**ihr** Buch an.
Il cherche	**sa** cassette.	–	**Er** sucht	**seine** Kassette.
Elle cherche	**sa** cassette.	–	**Sie** sucht	**ihre** Kassette.
Il trouve	**ses** cadeaux.	–	**Er** findet	**seine** Geschenke.
Elle trouve	**ses** cadeaux.	–	**Sie** findet	**ihre** Geschenke.

Exercices

1. Complète. Denise montre des photos à Katrin.

a) Voilà une photo de ______ anniversaire. Regarde, ce sont ______ frères et ______ sœurs. Et là, c'est ______ mère. – Et qui est-ce, près de ______ mère? – Ecoute, c'est ______ père.

b) Voilà une photo de ______ excursion à Versailles. Regarde là, c'est ______ frère. – Et la fille à côté? C'est ______ amie? – Non, c'est ______ amie Valérie.

c) Voilà des photos de ______ maison. Là, c'est ______ chambre. Et ça, c'est ______ ordinateur. – Et ______ livres et ______ cassettes? – Ils sont sur ______ étagère.

2. Traduis en allemand.

a) Luc cherche son vélo, Nadine cherche son cahier.

______

b) Papa écoute ses CD et maman regarde ses films.

______

c) M. Murat répare sa voiture, Mme Nadaud organise sa fête.

______

Les Déterminants possessifs II (*notre, votre* ...)

Nun kommen wir zu den Possessivbegleitern der 1.–3. Person **Plural**.

	maskulin		feminin		Plural	
Nous cherchons	**notre**	ballon	**notre**	copine	**nos**	ballons/copines.
Vous cherchez	**votre**	ballon	**votre**	copine	**vos**	ballons/copines.
Ils/elles cherchent	**leur**	ballon	**leur**	copine	**leurs**	ballons/copines.

In der 1.–3. Person Plural unterscheiden die Possessivbegleiter nur **Singular** und **Plural**: **notre** frère/sœur; **nos** frères/sœurs

Votre/vos dienen auch als **Höflichkeitsform** in der **Anrede**:
C'est **votre** voiture, monsieur? – Ist das **Ihr** Auto?
Voilà **vos** tickets, mesdames. – Hier sind **Ihre** Fahrscheine.

Beachte: Ils mangent **leur** pomm**e**. (Nomen im **Singular**)
Elles mangent leur**s** banane**s**. (Nomen im **Plural**)
Ils mangent leur**s** **o**ranges. [lœrzɔrãnʒ]

Das **-s** bei *leurs* ist nur vor Vokal oder stummem **h** hörbar.

Unterscheide: deutsch **ihr/Ihr**:
Elle regarde **son** livre. – Sie betrachtet **ihr** Buch.
sa photo. – **ihr** Foto.
ses films. – **ihre** Filme.
C'est **votre** voiture? – Ist das **Ihr** Auto?
Voilà **vos** tickets. – Hier sind **Ihre** Fahrscheine.
Ils montrent **leur** maison. – Sie zeigen **ihr** Haus.
Elles font **leurs** devoirs. – Sie machen **ihre** Hausaufgaben.

Exercices

1. Complète par les déterminants possessifs.

a) Nathalie et Denise cherchent toujours quelque chose: – Maman, où sont nos instruments de musique? – ______ instruments? Ils sont dans ______ chambres. – Et où est ______ ballon? – ______ ballon? Je ne sais pas.

b) A l'hôtel: – Pardon, monsieur, où sont ______ chambres? – ______ chambres sont au deuxième étage. – Où est-ce que nous mettons ______ voiture? – Au parking, derrière l'hôtel. Les enfants peuvent mettre ______ vélos dans la cour.

2. Complète par *leur* ou *leurs*.

Luc et Gilbert cherchent ______ cadeaux, ______ chat, ______ photos, ______ cassettes, ______ moto.

3. Traduis. (deutsch *ihr, Ihr, ihre ...)*

a) Nicole feiert ihren Geburtstag. ______

b) Ihre Freundinnen kommen und stellen ihre Geschenke auf den Tisch.

______

c) Nicole und ihre Schwester warten auf ihre Eltern.

______

d) Ihr Auto hat eine Panne (être en panne).

______

L'Interrogation II (*est-ce que*)

Du hast auf Seite 18 bereits die Fragestellung durch Intonation sowie einige Kurzfragen kennen gelernt.
Jetzt lernst du die Fragestellung mit ***est-ce que***, eine in der Umgangssprache oft verwendete Konstruktion.

Est-ce que Denise est une amie de Nicole?
Est-ce qu'il apporte le café? (**Vokal!**)

Est-ce que wird vor das Subjekt des Aussagesatzes gestellt. Die Satzmelodie ist ansteigend wie bei der Intonationsfrage.

In Fragen mit einem **Fragewort** steht ***est-ce que*** **nach** dem Fragewort:

Quand	**est-ce que**	Denise arrive?
Pourquoi	**est-ce que**	Gilbert ne travaille pas?
Où	**est-ce qu'**	il trouve sa photo?
Avec qui	**est-ce que**	Gilbert joue au foot?
Qu'	**est-ce que**	Nadine regarde à la télé?

Auch hier stehen die Wörter in der gleichen Reihenfolge wie im Aussagesatz. Die Intonation ist fallend.

Beachte: Verwende nach ***pourquoi*** nur die Fragestellung mit ***est-ce que***.

Exercices

1. Lis les réponses et trouve les questions. (*Finde die Fragen.*)

a) Est-ce qu'elle aime le thé?

Oui, elle aime **le thé**.

b)

Oui, ils cherchent **un hôtel**.

c)

J'habite **à Avignon**.

d)

Nous rentrons **à six heures.**

e)

Nathalie téléphone **à Jacques**.

2. Pose les questions avec *est-ce que*.
Wie fragst du deinen Austauschpartner, wenn du wissen willst,

a) wo er in Frankreich wohnt?

b) ob er Brüder oder Schwestern hat?

c) warum er Deutsch lernt?

d) wann er nach Hause gehen will?

e) was er im Fernsehen ansieht?

f) ob ihm deine Heimatstadt gefällt?

Le Futur composé (*je vais écrire*); aller

Ein weiteres wichtiges unregelmäßiges Verb ist ***aller*** (gehen).

aller (gehen)

je	**vais**	nous	**allons**
tu	**vas**	vous	**allez**
il, elle	**va**	ils, elles	**vont**

Imperativ: va; allons; allez

Beachte: Vergiss nicht das **-s** bei **tu** vas.

Das Futur composé

Wörtlich übersetzt bedeutet ***futur composé*** „zusammengesetzte Zukunft“. Es wird nämlich gebildet („zusammengesetzt“) aus den Formen von ***aller*** und dem **Infinitiv**.

je	**vais**	rest**er**	ich werde bleiben
tu	**vas**	rest**er**	du wirst bleiben
il, elle	**va**	rest**er**	er, sie wird bleiben
nous	**allons**	rest**er**	wir werden bleiben
vous	**allez**	rest**er**	ihr werdet bleiben
ils, elles	**vont**	rest**er**	sie werden bleiben

Die **Verneinungswörter** umschließen die Form von ***aller***:
Je **ne** vais **pas** rester.
Tu **ne** vas **jamais** oublier ton ami.

Beachte: Im Deutschen steht hier häufig das **Präsens**:
Demain, je **vais regarder** un film. – Morgen **schaue** ich einen Film an.

Wortschatz: demain: morgen; après-demain: übermorgen; la semaine prochaine: nächste Woche; le mois prochain: nächsten Monat; bientôt: bald; dans une semaine: in einer Woche; dans un mois: in einem Monat; dans un an: in einem Jahr; dans cinq minutes: in fünf Minuten

Exercices

1. Complète par le verbe *aller*.

a) – Salut, Georges! Tu ______ au collège? – Non, je ______ chez Marc. – Moi aussi. Alors, ______ ensemble chez Marc.

b) – Bonjour, madame! Vous ______ au marché? – Non, je ne ______ pas au marché, je ______ au supermarché.

c) – Salut Nadine, salut Nicole! Vous ______ chez Denise aujourd'hui?
– Oui, nous ______ chez Denise. Luc et Marc ______ aussi chez Denise.

d) – Salut, Pierre! Est-ce que ton frère ______ au cinéma aujourd'hui?
– Non, il ______ à la piscine.

2. Complète par les verbes au *futur composé*.

M. Nadaud parle des vacances.

a) On va aller (aller) en Bretagne. Je ______ (lire) des livres. Les enfants ______ (jouer) au foot. Nous ______ (visiter) la ville.

b) Je ne vais pas réparer (ne pas réparer) la voiture. Ma femme ______ (ne pas faire) les courses. Les enfants ______ (ne pas faire) la cuisine. Nous ______ (ne pas travailler).

3. Traduis.

Mein Austauschpartner kommt übermorgen an. ______

______

Les Verbes en -dre (*attendre, prendre*)

Du kennst bereits die Gruppe der regelmäßigen Verben auf **-er** (vergleiche Seite 14).
Bei den Verben auf **-re** bilden diejenigen eine regelmäßige Gruppe, deren Stamm auf **-d** endet.

attendre (warten)

j'	attend**s**
tu	attend**s**
il, elle	attend**d**
nous	attend**ons**
vous	attend**ez**
ils, elles	attend**ent**

Imperativ: attends; attendons; attendez

Aussprache: Beachte im **Lautbild** den Stamm des Plurals: [atã**d**]
Unterscheide: **il** attend [atã] – **ils** attendent [atã**d**]

prendre (nehmen)

je	prends
tu	prends
il, elle	prend
nous	**prenons**
vous	**prenez**
ils, elles	**prennent**

Imperativ: prends; prenons; prenez

Ebenso: *comprendre* (verstehen); *apprendre* (lernen)

Beachte besonders die unregelmäßigen **Pluralformen**.

Exercices

1. Complète. ***(attendre)***

a) Luc et Gilbert ______ devant la discothèque. Nadine arrive.

– Vous ______ quelqu'un? – Oui, nous ______ Nicole.

– Moi aussi, j' ______ Nicole. Je reste avec vous.

b) Marc ______ devant le collège. Nathalie arrive. – Tu ______ quelqu'un? – Oui, j' ______ Luc. Mais il n'arrive pas. Je rentre à la maison. – ______, Marc. Je vais avec toi.

2. Complète. ***(répondre)***

Le professeur pose une question. Luc ne ______ pas. – Luc, ______ donc. Pourquoi est-ce que tu ne ______ pas? – Je ne ______ pas parce que je ne comprends pas la question.

3. Complète. ***(prendre)***

Qu'est-ce que tu ______? – Je ______ un café. – Et vous? Qu'est-ce que vous ______? – Nous ______ un thé. – Et les enfants? – Ils ______ un coca.

4. Complète.

a) Le touriste desc ______ de la tour Eiffel.

b) Marc re ______ les cassettes à Nathalie.

c) Vous com ______ la question?

Les Verbes en -re (*dire, lire, écrire, mettre*)

Bei den meisten Verben auf **-re** sind der Singular- und Pluralstamm verschieden. Lerne deshalb folgende Verben als unregelmäßige Verben:

dire (sagen), **lire** (lesen), **écrire** (schreiben) und **mettre** (setzen, stellen, legen)

dire		**lire**	
je	dis	je	lis
tu	dis	tu	lis
il, elle	dit	il, elle	lit
nous	disons	nous	lisons
vous	**dites**	vous	lisez
ils, elles	disent	ils, elles	lisent

Imperativ:
dis; disons; dit**es**

Imperativ:
lis; lisons; lisez

écrire		**mettre**	
j'	écris	je	mets
tu	écris	tu	mets
il, elle	écrit	il, elle	met
nous	écrivons	nous	mettons
vous	écrivez	vous	mettez
ils, elles	écrivent	ils, elles	mettent

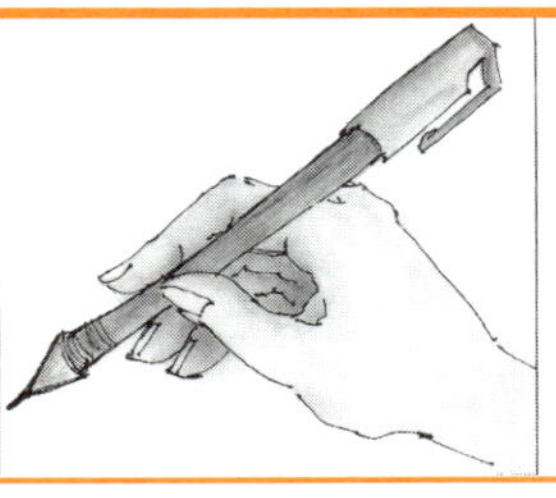

Imperativ:
écris; écrivons; écrivez

Imperativ:
mets; mettons; mettez

Exercices

1. Complète. *(lire)*

a) Marc et Luc ________ des BD. – Qu'est-ce que vous ________?
– Nous ________ des BD en allemand.

b) Qu'est-ce que tu ________? – Je ________ un roman policier.

2. Complète. *(dire)*

a) Pardon, monsieur, qu'est-ce que vous ________? – Je ________ que j'aime bien les chansons d'amour.

b) ________ donc, Gilbert, est-ce que Denise ________ toujours la vérité?

3. Complète. *(écrire)*

Au club de littérature, les élèves ________ un roman. – Vous ________ un roman policier? – Mais non, nous ________ un roman sur l'histoire française. – Et Luc, pourquoi est-ce que tu n' ________ pas? – L'histoire ne m'intéresse pas!

4. Complète. (*mettre*)

– ________ les livres sur les tables. Luc, pourquoi est-ce que tu ne ________ pas ton livre sur la table? – Je ne le ________ pas sur la table parce que je ne le trouve pas.

Vocabulaire: A la gare

DE L'EST
un horaire
DEPART
ne automatique
un train
une voie
un quai
un TGV
SNCF
une voyageuse
une valise
un sac

Test III (Stoff: *l'heure, la négation, les auxiliaires, le futur composé*)

1. Dictée (Das Diktat findest du im Lösungsteil.)

2. Quelle heure est-il? A la maison

a) Il est ______________________

b) ______________________

c) ______________________

d) ______________________

e) ______________________

3. Quand est-ce que le train arrive? A la gare

a) A vingt- ______________________ (22 h 35)

b) ______________________ (14 h 16)

c) ______________________ (12 h 30)

4. Traduis. *Pouvoir* ou *savoir*?

a) Ich kann nicht ins Kino gehen, weil ich meinen Fotoclub habe.

____

b) Melanie arbeitet im Hotel. Sie kann Französisch sprechen.

____

c) Nadine kann Klavier (le piano) spielen. Sie hat Klavierunterricht.

____

5. Corrige. M. Sévère dit toujours *non*.

a) Denise écrit la lettre à sa correspondante?

M. Sévère: Denise n'écrit

b) Luc téléphone à Nathalie?

c) Les enfants jouent avec l'ordinateur?

d) Les touristes vont dans le centre ville?

6. La négation. Attention aux mots en caractères gras. (*Beachte bei der Verneinung die fett gedruckten Wörter.*)

a) Christine travaille **encore**. Nathalie ne travaille plus.

b) Le moniteur raconte **beaucoup de choses**.

La monitrice

c) Valérie regarde **souvent** la télévision.

Nicole

d) Luc invite **beaucoup de copains**. Marc

7. Demain… Mets les phrases au futur composé.

a) M. Nadaud écoute un CD de Ravel.

Demain, il de Debussy.

b) Je regarde un film sur l'Allemagne.

sur l'Italie.

Test IV (Stoff: *l'interrogation, les déterminants possessifs, les verbes*)

1. Dictée (Das Diktat findest du im Lösungsteil.)

2. Complète par les verbes.

a) mettre	tu ______	ils ______	il ______
b) ______	tu écris	nous ______	elle ______
c) pouvoir	je ______	vous ______	ils ______
d) ______	tu ______	je réponds	vous ______
e) ______	tu lis	il ______	nous ______
f) prendre	ils ______	elle ______	vous ______
g) ______	j' attends	il ______	ils ______
h) aller	tu ______	ils ______	nous ______
i) ______	je dis	vous ______	elles ______
j) faire	vous ______	ils ______	nous ______
k) ______	nous ______	tu ______	ils peuvent
l) ______	je ______	elles ______	nous savons
m) ______	ils veulent	tu ______	vous ______
n) rendre	vous ______	je ______	il ______

3. Trouve les verbes.

a) u/l/v/s/o/o/n:	nous ______	b) x/u/e/p:	je ______
c) i/f/s/a/e/t:	vous ______	d) s/s/i/a:	tu ______
e) t/v/n/o:	ils ______	f) r/é/t/c/i:	il ______

4. Trouve les questions. Pose les questions avec *est-ce que*.

a) ______

Oui, les élèvent mettent leurs livres **sur les tables**.

b) ______

Le père de Katrin travaille **à la poste**.

c) ______

Gilbert va au club de foot **à trois heures**.

d) ______

Denise fait les devoirs d'allemand **avec Katrin**.

5. Complète par les déterminants possessifs.

a) Valérie et Nicole ne mangent pas ______ desserts.

b) Pardon, monsieur, où est ______ maison?

c) M. Nadaud est là, mais où est ______ femme?

d) Nicole et Marc, rangez ______ chambres, s'il vous plaît.

6. Traduis.

a) Katrin schreibt ihren Eltern und ihrer Freundin Karten.

______

b) Denise und Gilbert reparierer ihre Fahrräder. Ihre Familie macht eine Fahrradtour. ______

______

Troisième Partie

L'Adjectif I (le singulier)

Voilà **un** fromage français.

Voilà **une** voiture françai**se.**

Bezieht sich das Adjektiv auf ein **feminines** Nomen, so wird meistens an die maskuline Form ein **-e** angehängt.

Aussprache: In der femininen Form ist der Endkonsonant hörbar:
françai**se** [frɑ̃sɛz]
Bei Adjektiven, die auf einen **Vokal** enden, ist der Unterschied nicht hörbar: z.B. bleu/bleue (blau), fermé/fermée (geschlossen), joli/jolie (hübsch, nett), vrai/vraie (wahr)

Achtung: Vergiss beim Schreiben nicht das **-e**.

Viele Adjektive haben nur **eine** Form für Maskulinum und Femininum, die meist auf **-e** endet: z.B. rapide (schnell), rare (selten), malade (krank), facile (leicht), difficile (schwer, schwierig)

Merke dir folgende **unregelmäßige** Formen:

blanc, blanche (weiß)	bon, bonne (gut)
fou, folle (verrückt)	frais, fraîche (frisch)
long, longue (lang)	dangereux, dangereuse (gefährlich)
cher, chère (teuer, lieb)	faux, fausse (falsch)

Beachte: Im Gegensatz zum Deutschen wird im Französischen auch bei **prädikativem** Gebrauch angeglichen:
Das Haus **ist** groß. – La maison **est** gran**de.**

Exercices

1. Complète. Attention à la forme de l'adjectif.

a) En ville, il y a un bruit ______ (terrible) à cause des voitures.

b) Travailler en groupe, c'est une idée ______ (fantastique).

c) Nous avons une ______ (grand) maison avec un ______ (petit) jardin.

d) Schkopau est une ______ (petit) ville près de Halle.

e) Denise écrit une histoire ______ (intéressant).

f) Gilbert porte une veste ______ (bleu) et un jean ______ (noir).

g) Voilà une ______ (joli) photo de ma famille.

2. Trouve les antonymes. *(Finde die Gegensatzwörter.)*

a) un **petit** restaurant — une ______ maison

b) un jean **blanc** — une veste ______

c) un **bon** élève — une ______ note

d) un texte **facile** — une dictée ______

3. Complète. Attention à la forme de l'adjectif.

a) Nicole est ______ (bon) en sciences nat, mais ______ (mauvais) en musique.

b) Attention! C'est une rue ______ (dangereux).

c) Nadine aime les dictées. Elle est ______ (fou)!

d) La voiture me plaît. Mais elle est trop ______ (cher).

L'Adjectif II (le pluriel)

Auch im **Plural** richtet sich das Adjektiv nach dem Nomen:
le magasin ferm**é** – **les** magasins ferm**és**
la voiture allemand**e** – **les** voitures allemand**es**

Beachte: Das Plural-**s** wird nicht ausgesprochen. Vergiss es beim Schreiben nicht.

Adjektive auf **-s** erhalten im Maskulinum **kein** weiteres **-s**:
un copain françai**s** – des copains françai**s**

Auch im Plural wird das Adjektiv bei **prädikativem** Gebrauch angeglichen:
Die Häuser **sind** groß. – Les maisons **sont** grand**es**.

Einige Adjektive werden nie verändert:
chic, sympa, pop, snob, super, extra.
des filles snob, une chanson pop, des garçons sympa

Exercices

1. Complète.

a) J'aime les voitures __________ (français). Elles sont __________ (super).

b) Les collèges __________ (français) sont souvent très __________ (grand).

c) Le lundi, les magasins sont __________ (fermé).

d) Marc, tu es sûr, les portes sont __________ (fermé)?

e) Luc n'aime pas les filles __________ (snob).

2. Mets les phrases au pluriel. *(Setze alles in den Plural.)*

a) Elle écrit une histoire drôle. Elles écrivent des histoires drôles.

b) La BD est mauvaise. __________

c) Il traverse une forêt dangereuse. __________

d) Le carton est gris et noir. __________

3. Trouve l'adjectif juste et fais l'accord. *(Finde das passende Adjektiv.)*

a) (impossible, joli, difficile) Ce sont des __________ fleurs.

b) (dangereux, heureux, drôle) Les BD sont vraiment __________

c) (intéressant, rare, rapide) Nous aimons les histoires __________

d) (important, chouette, difficile) Les dictées sont trop __________

L'Adjectif III (la place)

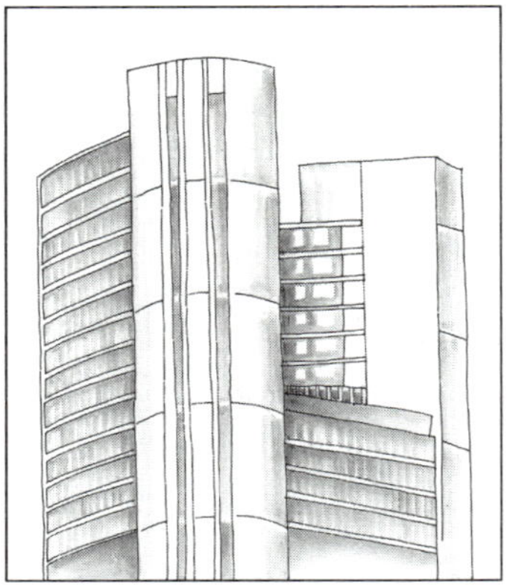

un bâtiment **moderne**

un **joli** jardin

Abweichend vom Deutschen können im Französischen Adjektive **vor** oder **nach** dem Nomen stehen:
une maison **moderne** – un **petit** jardin

Die meisten Adjektive stehen **nach** dem Nomen, insbesondere mehrsilbige Adjektive:
une histoire intéressante, un chien dangereux

Einige **kurze** Adjektive stehen **vor** dem Nomen:
grand (groß), jeune (jung), petit (klein), long (lang, *zeitl.*), bon (gut), mauvais (schlecht), joli (hübsch, nett), haut (hoch)

Einige Adjektive können vor **oder** nach dem Nomen stehen. Sie ändern dann ihre Bedeutung:

un **cher** ami: ein lieber Freund
une voiture **chère**: ein teures Auto

un **pauvre** garçon: ein bedauernswerter Junge
un garçon **pauvre**: ein armer (mittelloser) Junge

un **jeune** homme: ein junger Mann
un homme **jeune**: ein jugendlicher Mann

Exercices

1. Mets l'adjectif à sa place et fais l'accord. Au collège

a) (grand) Le collège de Jacques est une ______ école ______

b) (petit, bizarre) Derrière le bâtiment, il y a un ______ jardin ______ avec des ______ fleurs ______

c) (bon) Il y a une ______ cantine ______ au collège.

d) (intéressant) Le prof d'allemand raconte souvent des ______ histoires ______

e) (terrible) Jacques a des ______ problèmes ______ en maths.

f) (mauvais) Il a des ______ notes ______ en maths. Pauvre Jacques!

2. Fais des phrases.

a) professeur / poser / maths / impossible / questions

______

b) Markus / BD / joli / beaucoup de / avoir / français

______

3. Traduis.

a) Frau Leblanc ist sehr krank; sie ist (c'est) eine bedauernswerte Frau.

______

b) Mein lieber Freund, du hast (aber) ein teures Auto!

______

Les Verbes en -ir; épeler; acheter; préférer

Nach den Verben auf **-er** (siehe Seite 14) und auf **-dre** (siehe Seite 52) lernst du nun eine weitere Gruppe mit regelmäßiger Bildung kennen – die Verben auf **-ir** mit Stammverkürzung im Singular:
par**t**ir: je par**s** – nous par**t**ons

partir (aufbrechen)

je	par**s**
tu	par**s**
il, elle	par**t**
nous	par**t**ons
vous	par**t**ez
ils, elles	par**t**ent

Imperativ: pars; partons; partez

Im Singular fällt der letzte Konsonant des Stammes weg.
Zu dieser Gruppe zählen auch: dormir (schlafen), sortir (hinausgehen, ausgehen), servir (dienen, servieren), sentir (riechen, fühlen)

Verben mit zwei Stämmen

préférer (vorziehen), ***épeler*** (buchstabieren) und ***acheter*** (kaufen) haben im Infinitiv sowie in der 1. und 2. Person Plural einen anderen Stamm als in den übrigen Personen.

préférer	épeler	acheter
je préf**è**re	j'épe**ll**e	j'ach**è**te
tu préf**è**res	tu épe**ll**es	tu ach**è**tes
il, elle préf**è**re	il, elle épe**ll**e	il, elle ach**è**te
nous préf**é**rons	nous épe**l**ons	nous ach**e**tons
vous préf**é**rez	vous épe**l**ez	vous ach**e**tez
ils, elles préf**è**rent	ils, elles épe**ll**ent	ils, elles ach**è**tent

Ebenso:

espérer (hoffen)	appeler (rufen, anrufen)	peser (wiegen)
répéter (wiederholen)		emmener (mitnehmen)
compléter (vervollständigen)		

Exercices

1. Complète par *partir*.

a) Quand est-ce que tu ____ en vacances? – Moi, je ____ le 10 août. Mais mes parents ____ déjà le 4 août.

b) Quand est-ce que vous ____ chez vos grands-parents? – Nous ____ dimanche. Nathalie ne ____ pas avec nous. Elle est malade.

2. Complète.

Nicole ne so____ pas du lit. Elle d____ encore. Sa mère entre dans la chambre. – Dis donc, Nicole, tu d____ encore? S____ tout de suite du lit. Nous par____ dans une demi-heure. – Nous s____ aujourd'hui? On va chez les grands-parents? Attends. Me voilà.

3. Complète.

a) (préférer) Vous ____ le café, moi, je ____ le thé.

b) (acheter) Est-ce que vous ____ des fruits? – Oui, j'____ des bananes et des oranges.

4. Trouve les verbes et complète les phrases.

a) o/p/n/s/é/e/l: Nous ____ le nom du restaurant.

b) l/a/l/p/e/p/e: Il ____ son chien.

c) f/è/p/e/r/é/r: Je ____ les vacances en France.

Les Pronoms objets I (*me, te, nous, vous*)

Bei den Objektpronomen musst du zwischen **direkten** (*direct*) und **indirekten** (*indirect*) Pronomen unterscheiden:

1. **direktes** Objektpronomen:
   Il **me** cherche. – Er sucht **mich**. (Frage: *wen*?)
2. **indirektes** Objektpronomen:
   Elle **me** montre les photos. – Sie zeigt **mir** die Fotos. (Frage: *wem*?)

Hier nun die Objektpronomen der **1.** und **2. Person**, bei denen **nicht** zwischen **direkt** und **indirekt** unterschieden wird:

direktes Objekt			indirektes Objekt		
Tu	**me**	cherches.	Elle	**me**	montre les photos.
Il	**te**	trouve.	Je	**te**	donne le CD.
Il	**nous**	écoute.	Il	**nous**	raconte une histoire.
Je	**vous**	regarde.	Nous	**vous**	téléphonons.

Beachte vor Vokal oder stummem **h**:
Tu **m'i**nvites. Il **t'a**ime.
Il nou**s é**crit. Elle vou**s o**ublie.

Stellung: Die Objektpronomen stehen **vor** dem Verb:
Il **me** cherche. – Er sucht **mich**.

Verneinung: Elle **ne** me téléphone **pas**.

Bei Verben mit einem **Infinitiv** stehen die Pronomen **vor** dem Infinitiv:
Nous allons **te chercher**. Vous ne pouvez pas **me trouver.**

Exercices

1. En français. Fais les dialogues.

a) Nicole fragt ihre Freunde, ob sie **auf sie** warten. Selbstverständlich warten die Freunde **auf Nicole**.

Nicole: Est-ce que vous m'attendez?

Les amis: Bien sûr. Nous t' ______

b) Denise fragt Nathalie, ob sie **ihr** ihre Kassetten gibt. Nathalie verneint, aber sie gibt **ihr** ihre CDs.

Denise: ______

Nathalie: ______

c) Sylvie und Annie fragen Luc und Jacques, ob sie **sie** zum Fest einladen. Natürlich laden die Jungen **die Mädchen** ein.

Sylvie et Annie: ______

Luc et Jacques: ______

2. Traduis.

a) Luc ruft mich nicht an. Er mag mich (wohl) nicht.

______

b) Ich kann euch die Hausaufgaben erklären.

______

c) Ich werde dir nächste Woche schreiben.

______

Les Pronoms objets II (*le, la, les; lui, leur*)

Nur in der **3. Person** unterscheiden sich die direkten und indirekten Objektpronomen.

Direkte Objektpronomen

Je regarde **le** film.	– Je **le** regarde.	**le**
Tu regardes **la** photo.	– Tu **la** regardes.	**la**
Nous appelons **les** garçons.	– Nous **les** appelons.	**les**
Vous appelez **les** filles.	– Vous **les** appelez.	**les**

Die direkten Objektpronomen haben die gleiche Form wie der bestimmte Artikel.

Indirekte Objektpronomen

Je téléphone **à Gilbert**.	– Je **lui** téléphone.	**lui**
Tu téléphones **à la fille**.	– Tu **lui** téléphones.	**lui**
Nous écrivons **aux garçons**.	– Nous **leur** écrivons.	**leur**
Vous écrivez **aux filles**.	– Vous **leur** écrivez.	**leur**

lui und ***leur*** stehen für Personen. Sie haben für beide Geschlechter jeweils nur eine Form.

Verneinung: Je **ne** le regarde **pas**. Tu **ne** lui écris **pas**.

Infinitiv: Je vais **le regarder**. Tu peux **lui écrire**.

Unterscheide:

Je **leur** montre la ville.	(*ihnen*; indirektes Objektpronomen)
Ils cherchent **leur** voiture.	(*ihr*; Possessivbegleiter)
Ils invitent leur**s** ami**s**.	(*ihre*; Possessivbegleiter)

Exercices

1. Réponds aux questions. Utilise des pronoms objets.

a) Vous passez **vos vacances** en Bretagne?

Oui, je les passe en Bretagne.

b) Vous fêtez **votre anniversaire** à Paris?

Non, ______________________ en Bretagne.

c) Vous invitez **vos amis**? – Bien sûr, ______________________

d) Vous écrivez des lettres **à vos amis**?

Non, ______________________ des cartes.

e) Pour aller en Bretagne, vous prenez **la voiture**? – Oui, ______________

2. Pas aujourd'hui, mais demain. Utilise des pronoms objets.

a) Tu fais **tes devoirs**? – Non, mais je vais les faire demain.

b) Il montre **la photo** à Denise. – Non, mais ______________ à Denise demain.

c) Elle écrit **à ses amies**? – Non, mais ______________________ demain.

d) Jacques téléphone **à son correspondant**? – Non, mais ______________ ______________ demain.

L'Article partitif (*du, de la*); la quantité (*peu de ...*)

Denise fait les courses: Pour le petit déjeuner, elle achète **du** lait, **de la** confiture, **de l'**eau minérale et **des** croissants.

Du kennst bereits den Plural des unbestimmten Artikels (siehe Seite 22). Er bezeichnet eine unbestimmte **Anzahl**:
Il mange **des** croissants. – Er isst Hörnchen.

Zur Bezeichnung einer unbestimmten **Menge** nicht zählbarer Dinge verwendest du den **Teilungsartikel**.

Je bois	**du**	café.
Tu bois	**de la**	limonade.
Il boit	**de l'**	eau minérale.

Beachte: Im Deutschen steht **kein** Artikel.

Il boit	**du**	thé.
Er trinkt		Tee.

Mengenangaben *(la quantité)*

Au supermarché, Denise achète **un kilo de** tomates, **beaucoup de** confiture, **un peu** de sel et **un paquet de** thé.

Nach Mengenangaben steht nur ***de*** + Nomen **ohne** Artikel. Das gilt auch für die **Verneinung** („leere Menge"): Il **ne** mange **pas de** viande.

Ausnahme: Bei verneintem ***être*** bleibt der Teilungsartikel erhalten:
Ce n'**est** pas **de la** limonade.

Exercices

1. Complète. M. Legros va au supermarché. Il achète ...

a) de la confiture.

b) _____ coca.

c) _____ eau minérale.

d) _____ limonade.

e) _____ fromage.

f) _____ thé.

2. Qu'est-ce qu'il prend? Utilise: ***paquet, carton, bouteille, pot, kilo***

a) Il prend trois pots de _____

b) _____

c) _____

d) _____

e) _____

f) _____

a) 

b) 

c) 

d) 

e) 

f) 

3. Traduis.

a) Daniel hört keine CDs. Er ist krank. _____

b) Das ist kein Mineralwasser, das ist Limonade.

_____

Le Passé composé avec *avoir* (*il a gagné*)

Auf Seite 50 hast du schon die „zusammengesetzte Zukunft" (*le futur composé*) kennen gelernt.
Nun kommen wir zur **„zusammengesetzten Vergangenheit"**, dem ***passé composé.***

J'	**ai**	**gagné.**
Tu	**as**	
Il, elle	**a**	
Nous	**avons**	
Vous	**avez**	
Ils, elles	**ont**	

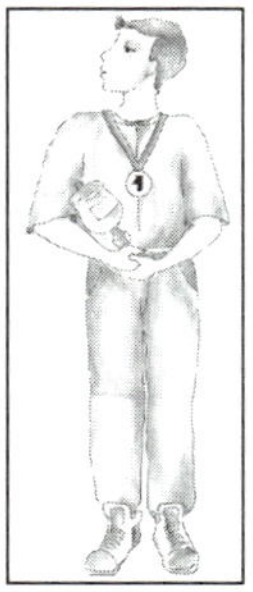

Il a gagné.

Die meisten Verben bilden das ***passé composé*** mit dem Präsens von ***avoir*** und dem **Partizip Perfekt** (le participe passé) des Verbs.
Vgl. deutsch: Er **hat** gewonnen.

Verneinung: Il **n**'a **pas** gagné.

Bildung des Partizip Perfekt

1. Verben auf **-er**: Elle a jou**é**. Endung: **-é**
   Beachte die gleiche Aussprache bei: il **va** gagn**er**, il **a** gagn**é**, vous gagn**ez**

2. Regelmäßige Verben auf **-re**: Il a attend**u**. Endung: **-u**

Merke dir gut folgende **unregelmäßige** Formen:

avoir	– eu	être	– été	faire	– fait
voir	– vu	vouloir	– voulu	pouvoir	– pu
savoir	– su	lire	– lu	boire	– bu
prendre	– pris	apprendre	– appris	comprendre	– compris
mettre	– mis	dire	– dit	écrire	– écrit

Exercices

1. Ecris les phrases au passé composé.
Jacques veut partir en vacances. Mais avant, il y a beaucoup de choses à faire. Il a fait une liste:

a) acheter une carte d'Allemagne
b) lire le guide
c) faire la valise
d) fermer la porte du jardin
e) écrire une lettre à Florian
f) prendre une douche
g) mettre les pulls dans la valise
h) répondre à la lettre de Katrin
i) ranger la chambre

Le soir, il a tout fait:

a) Il a acheté ____________________

b) ____________________

c) ____________________

d) ____________________

e) ____________________

f) ____________________

g) ____________________

h) ____________________

i) ____________________

Mais il n'a pas acheté son ticket!

2. Complète. (*-er/-é/-ez*)

Le guide: Vous m'av______ demand______ des informations sur la ville. Vous trouv______ aussi des prospectus à l'Office du Tourisme. Vous pouv______ visit______ la cathédrale. Cette année, on a restaur______ la grande tour. Sur la place à côté, vous all______ trouv______ des cafés.

Vocabulaire: Au marché

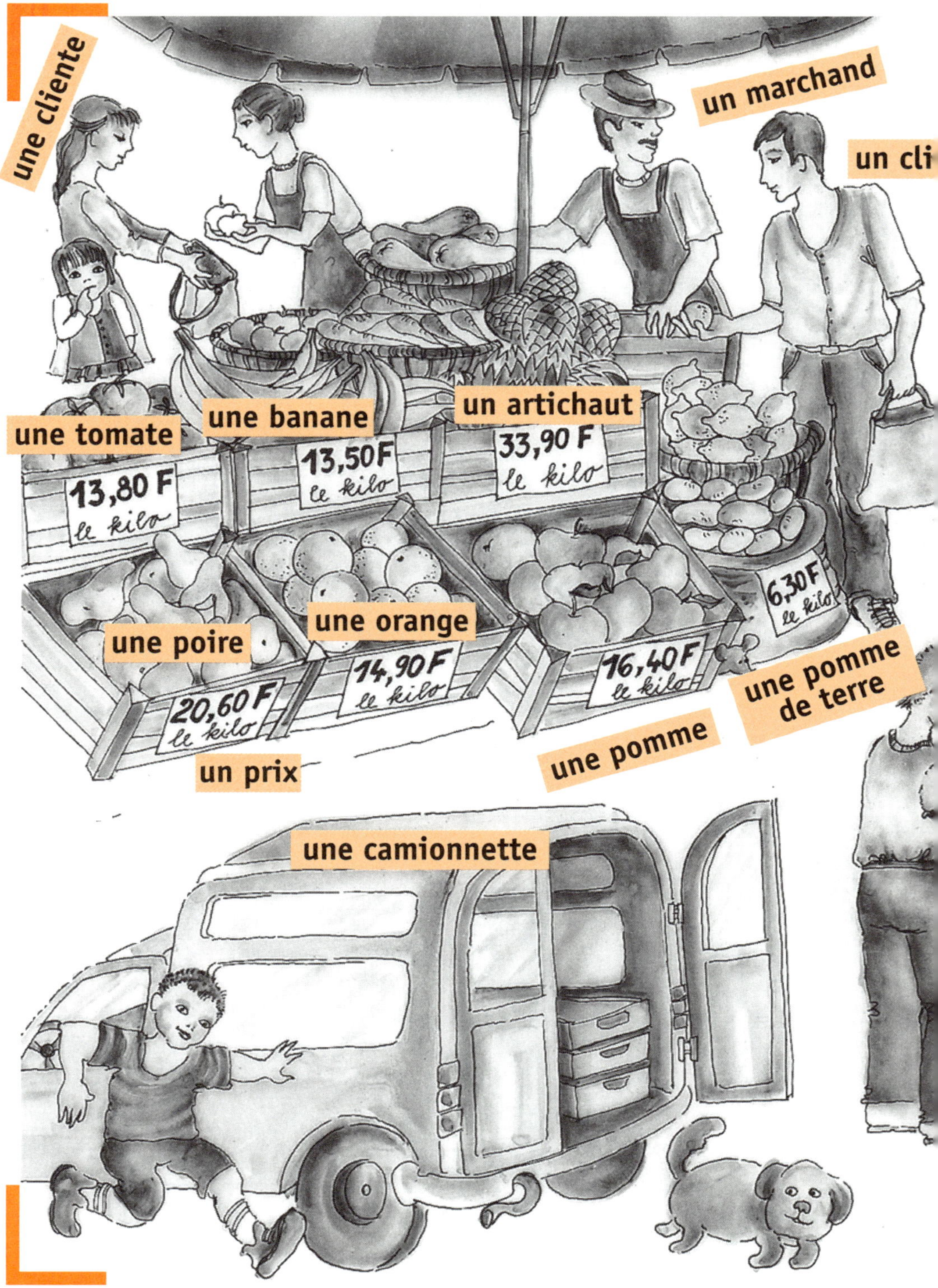

un T-shirt
un pull
un jean
AST
GAS
TINTIN
un stand
une marchande
SUPER
ACTUEL
EXTRA
MODE
une BD
e cassette
un livre

Test V (Stoff: *l'adjectif, les verbes en -ir, les pronoms objets, acheter …*)

1. Dictée (Das Diktat findest du im Lösungsteil.)

2. Complète par les verbes.

a) dormir	tu ______	vous ______	il ______
b) ______	il achète	ils ______	vous ______
c) ______	nous ______	j' ______	elle appelle
d) servir	ils ______	tu ______	vous ______
e) ______	je ______	vous ______	il sent
f) ______	vous répétez	ils ______	je ______
g) ______	nous ______	elle pèse	vous ______
h) sortir	nous ______	tu ______	il ______
i) ______	il ______	elles épellent	nous ______

3. Salade de mots. Fais les phrases.

a) supermarché / acheter / bouteille / M. Murat / trois / eau minérale

______

b) d'allemand / répéter / souvent / professeur / phrase

______

c) servir / Nicole et Valérie / thé / cuisine / dans

______

d) partir / samedi / vacances / Luc et Jacques

______

4. Complète.

a) Halle est une ____________ (grand) ville près de Leipzig.

b) A Halle, il y a une ____________ (joli) place, le *Marktplatz*, avec une église ____________ (magnifique).

c) Une ____________ (haut) tour, le *Roter Turm*, est près de cette place.

d) De là, on a une vue ____________ (formidable) sur la ville.

e) Il y a aussi beaucoup de musées ____________ (intéressant).

f) Les restaurants sont ____________ (bon) et pas ____________ (cher).

g) Les touristes sont ____________ (content): Halle c'est chouette!

5. Traduis.

a) Marc ist ein bedauernswerter Junge. Er hat schlechte Noten.

____

b) Ich suche ein nettes Haus mit einem kleinen Garten.

____

6. Complète par les pronoms objets. Martine parle de son ami.

a) Quelquefois il ________ invite au club. Il ________ achète des fleurs. Il ________ attend devant le collège.

b) Moi, je ________ invite à mon anniversaire. Je ________ écris des cartes postales. Je ________ aide à faire les devoirs. Je ________ dis: Je ________ comprends bien.

Est-ce qu'il ________ aime?

Test VI (Stoff: *l'article partitif, la quantité, le passé composé*)

1. Dictée (Das Diktat findest du im Lösungsteil.)

2. Réponds. (Deux clients sont à l'épicerie.)

a) – Vous prenez de la confiture?

Client A: Non, je ne prends pas de confiture.

Client B: Je prends un pot de confiture (un pot).

b) – Vous prenez ________ café?

A: Non, ________________________________

B: ______________________________ (deux paquets).

c) – Vous prenez ______ oranges?

A: Non, ________________________________

B: ______________________________ (un kilo).

d) – Vous achetez ________ eau minérale?

A: Non, ________________________________

B: ______________________________ (quatre bouteilles).

– Monsieur, vous n'achetez rien?

– Non, je suis l'électricien.

3. Fais des phrases au passé composé. Marc a tout oublié.

a) Il n'a pas fait les devoirs. (faire les devoirs)

b) ______ (lire la BD)

c) ______ (boire son thé)

d) ______ (écrire la lettre)

e) ______ (regarder la télé)

f) ______ (inviter les amis)

4. Qu'est-ce que tu as fait hier? Réponds au passé, s'il te plaît.

Tu peux utiliser les verbes suivants: *chercher, trouver, montrer, manger, regarder, travailler, téléphoner, acheter, écouter, visiter, boire, lire, fêter, appeler*

______

______

______

______

______

______

______

______

______

______

______

Révision des verbes irréguliers

Nun kannst du noch einmal testen, ob du die wichtigen unregelmäßigen Verben gut beherrschst.

a) faire	il ______	vous ______	ils ______
b) ______	je peux	ils ______	vous ______
c) aller	tu ______	nous ______	elles ______
d) ______	nous ______	tu ______	ils achètent
e) ______	vous ______	nous sommes	ils ______
f) écrire	j' ______	il ______	ils ______
g) ______	il ______	tu préfères	vous ______
h) ______	tu veux	vous ______	ils ______
i) avoir	elle ______	nous ______	elles ______
j) ______	je ______	il ______	ils savent
k) ______	tu mets	elles ______	elle ______
l) ______	je ______	vous ______	ils disent
m) prendre	il ______	nous ______	elles ______
n) ______	elle ______	je lis	vous ______
o) appeler	tu ______	vous ______	ils ______

Grammatische Fachbegriffe

Verwendete Bezeichnung	Entsprechung	Französische Bezeichnung Beispiel
Adjektiv – prädikatives	Eigenschaftswort	l'adjectif: petit, grand l'adjectif attribut: La soupe **est bonne**.
Angleichung		l'accord: La carte est jol**ie**.
Artikel – bestimmter – unbestimmter – Teilungsartikel	Geschlechtswort	l'article – défini: le copain, les crêpes – indéfini: un ami, des fleurs – partitif: du café, de la bière
Aussprache		la prononciation
Femininum	weibliches Geschlecht	le genre féminin: **une** radio
Frage		l'interrogation: Tu vas où**?**
Futur composé	Zukunft	le futur composé: Il **va** jouer.
Genus	Geschlecht	le genre: **un** frère, **une** fille
Imperativ	Befehlsform	l'impératif: Parle. Regardez.
Infinitiv	Grundform	l'infinitif: avoir, fêter
Intonation	Satzmelodie	l'intonation: Papa travaille?
Konsonant	Mitlaut	la consonne: g, l, m, n, ...
Menge		la quantité: peu de
Maskulinum	männliches Geschlecht	le genre masculin: **un** père
Nomen	Hauptwort	le nom: le cahier, la rue

Verwendete Bezeichnung	Entsprechung	Französische Bezeichnung Beispiel
Objektpronomen	Fürwort als Satzergänzung	le pronom objet: Je **te** cherche.
Partizip Perfekt	Mittelwort der Vergangenheit	le participe passé: attendu
Passé composé	Vergangenheit	le passé composé: Il a dit.
Personalpronomen	persönliches Fürwort	le pronom personnel: tu, il
Plural	Mehrzahl	le pluriel
Possessivbegleiter	besitzanzeigendes Fürwort	le déterminant possessif: mon, ton, notre
Präposition	Verhältniswort	la préposition: avec, sur
Präsens	Gegenwart	le présent: Je n'oublie rien.
Satz		la phrase
Singular	Einzahl	le singulier: un livre
Subjekt	Satzgegenstand	le sujet: **M. Murat** parle.
Verb – unregelmäßiges – Hilfsverb	Zeitwort	le verbe: écouter, prendre – irrégulier: faire, aller – auxiliaire: Je **veux** jouer.
Verneinung		la négation: Il **ne** parle **pas**.
Vokal	Selbstlaut	la voyelle: a, e, i, ...
Zahlen		les nombres: trois, cinq

Lösungen

Seite 9

1. a) un lit b) une maison c) une photo d) un groupe de rock
   e) une salle de séjour f) un ordinateur
2. a) un appartement b) une chambre c) une table d) un CD
3. a) *un café* / un voisin / un livre / un taxi
   b) un hôtel / un ami / un élève / un hôpital

Seite 11

1. a) *l'* / La / le / b) le / le / la / l' / le / l' / la
2. a) *le / la* b) la / le frère c) le / la fille d) la / le grand-père
   e) l' / la tante
3. a) la b) l' c) le

Seite 13

1. a) suis / es / suis / est b) êtes / suis / sont c) êtes / sommes / sont
2. a) Hallo, Jacques! Spielen wir mit den Mädchen Fußball?
   b) In Deutschland spricht man Deutsch.
   c) Im *Ritz* isst man gut.
   d) Seid ihr (Sind Sie) aus Marseille? – Nein, wir sind aus Lyon.

Seite 15

1. a) (écout)es / (écout)e / (aim)e b) (entr)e / (cherch)e / (regard)e
   c) (jou)ez / (jou)ons / (aim)e d) (organis)ent / (fêt)e / (travaill)ent
2. a) (regard)es / regarde / regarde / regardent
   b) (cherch)ez / cherchons
3. a) arrivent / écoute / aime b) restes / regarde

Seite 17

1. a) Elles b) Il c) Elle / Ils
2. a) *Elle* entre dans la chambre de Catherine.
   b) Elle raconte une histoire.
   c) Ils trouvent un CD de Bizet. d) Elles discutent avec le professeur.
   e) Ils cherchent un hôtel.
3. a) *Guten Tag.* Suchen Sie ein Restaurant?
   b) Herr und Frau Murat, sind Sie einverstanden?

Seite 19

1. a) Tu parles français? b) La ville est chouette?
   c) Vous travaillez pour la fête?
2. a) *Tu habites où?* b) Tu t'appelles comment? c) Vous faites la fête où?
   d) Vous arrivez quand (à quelle heure)?
3. a) *Que font Jacques et Gilbert?* b) Qui est-ce? c) Que fait Pierre?
   d) Qui est le directeur? e) Où est Patrick?
4. a) toi / moi / moi b) Moi / Toi

Seite 21

1. a) *deux* cartons b) deux garçons et deux filles c) deux cathédrales
   d) deux chats et deux chiens
2. a) *ballons* b) cadeaux c) animaux d) tableaux e) chevaux
   f) cours de maths
3. a) mesdemoiselles b) mesdames c) messieurs

Seite 23

1. a) des / les / les / les / les / des / les
   b) des / des / des
2. a) *Des* touristes visitent les cathédrales.
   b) Les verres sont sur les tables.
   c) Les guides expliquent les monuments.
   d) Des élèves jouent des pièces de théâtre.
3. a) Les filles écoutent des CD. b) Gilbert regarde des photos et des BD.

Seite 25

1. a) *Range la* chambre, Gilbert. b) Aide à la cuisine, Gilbert.
   c) Mange le sandwich, Nicole. d) Travaillez pour le cours de maths.
   e) Regardez les textes. f) Fêtons l'anniversaire de Nathalie.
2. as / ai / as / ai / a / avez / avons

Seite 27

1. a) *zéro* / onze b) treize / quatre c) dix-sept/dix d) vingt/dix-huit
   e) six / quinze f) quatorze / huit g) cinq / seize
2. a) *seize* / treize b) dix-neuf / quinze c) dix-huit / quatorze
   d) douze / onze e) dix-sept / vingt f) (?)

Seite 29

1. a) *vingt-six* / quarante-deux b) cinquante-trois / quatre-vingts
   c) soixante et onze / quatre-vingt-quatre
   d) quatre-vingt-dix / trente et un(une)
   e) soixante-sept / soixante-treize
2. a) *zéro deux, quarante*-huit, soixante-dix-sept, seize, quatre-vingts
   b) zéro quatre, quatre-vingt-onze, cinquante-cinq, dix-huit, soixante-quatorze
3. a) *vingt*-quatre/ cinquante / vingt-six
   b) dix-neuf / cent / quatre-vingt-un

Seite 32/33

1. **Dictée** La famille Murat
   La famille Murat habite à Paris. Ils ont un appartement dans la rue de France. Nathalie est dans la salle de séjour. Elle regarde une BD. Denise, la sœur de Nathalie, entre.
   - Regarde, Nathalie. J'ai un CD allemand. On écoute le CD? Papa est dans la chambre de Gilbert et travaille avec l'ordinateur. Et maman est dans la cuisine. Elle prépare le déjeuner.
   - D'accord.

2. a) La / la b) la / un c) une (des) d) les (la) e) les f) un / des g) des
3. a) est / sont / est b) a / as / ai / est / as c) est / est / sommes / avons
4. a) *l'ami; Gilbert est* l'ami de Jacques.
   b) la télévision / z.B.: La grand-mère regarde un match de foot à la télévision.
   c) la cassette / z.B.: Les trois amis écoutent une cassette de ... .
   d) l'ordinateur / z.B.: M. Murat travaille avec l'ordinateur.
   e) la photo / z.B.: Voilà la photo de Nathalie et son amie.
5. Denise: *Salut! Je suis* Denise. Et toi, tu t'appelles Katrin?
   Katrin: Oui, je suis (je m'appelle) Katrin. Salut, Denise! Ça va?
   Denise: Merci, ça va (bien). Voilà mon père et ma mère. Et voilà ma sœur Nathalie.
   Gilbert: Salut! Je suis Gilbert, le frère de Denise.
   Katrin: Bonjour, madame! Bonjour, monsieur! Salut, Gilbert!

Seite 34/35

1. **Dictée** L'anniversaire de Nathalie
   Nadine arrive chez les Murat. Aujourd'hui, c'est la fête! C'est l'anniversaire de Nathalie. Nicole a un cadeau: une BD d'Astérix.
   – Salut, Nathalie! Bon anniversaire. Ecoute, tu as quel âge aujourd'hui?
   – J'ai quatorze ans.
   – Voilà ton cadeau: une BD en allemand. Mais où est Gilbert?
   – Mon frère n'est pas là! Il a quinze ans et il est toujours avec des amis au club de foot.
   – Ah non, alors! Ce n'est pas juste! Mais nous, nous faisons la fête maintenant.
2. a) *Tu habites où, en Allemagne?* b) Et c'est où? (Où est Halle?)
   c) Tu as quel âge? d) Tu as des frères? Ils s'appellent comment?
   e) Ton père travaille où? (Que fait ton père?)
   f) Tu aimes Paris? (Paris te plaît?) g) A Paris, tu habites où (chez qui)?
3. a) *les chambres* / *des* amis b) des journaux / les prix
   c) les fleurs / des hôtels d) les cours / les livres
   e) les filles / les cadeaux f) des souris / les fruits
   g) des tableaux / des ballons h) mesdames / messieurs
   i) des chevaux / mesdemoiselles
4. a) *Joue au* foot avec moi, *s'il te plaît*.
   b) *Monsieur*, expliquez le problème, *s'il vous plaît*.
   c) Entrez, s'il vous plaît. d) Reste à Paris, s'il te plaît.
   e) Regardons la télé, (s'il vous plaît).
5. a) *Elle a* dix-neuf ans. b) Il a onze ans. c) Il a quarante-deux ans.
   d) Il a quatre-vingts ans. e) Elle a trente-neuf ans.
   f) Elle a soixante-seize ans.
6. J'ai (?) ans. Mon numéro de téléphone est (?).

Seite 37

1. a) *A sept heures, elle* est dans la salle de bains.
   b) A sept heures et quart, elle entre dans la cuisine.
   c) A sept heures et demie, elle quitte la maison.
   d) A huit heures, elle arrive au collège.

e) A dix heures moins le quart, elle a une récréation.
f) A midi, elle mange à la cantine.
g) A deux heures, elle a un cours de maths.
h) A cinq heures moins le quart, elle rentre à la maison.
2. A huit heures et quart, Nadine regarde la télévision.

Seite 39
1. a) *huit heures moins* douze   b) huit heures onze
   c) dix heures moins quatorze   d) midi moins trois
   e) quatre heures vingt-trois
2. *quinze* heures vingt-quatre / seize heures douze
3. a) A sept heures, Jacques joue dans un club de foot.
   b) A neuf heures, il joue avec l'ordinateur.

Seite 41
1. a) *Ne fume pas.*   b) Ne traverse pas la rue.   c) Ne jouez pas au foot.
   d) Ne travaillons pas.
2. a) *Elle n'écoute pas la radio.*   b) Elle ne regarde pas la télé.
   c) Elle ne travaille pas à la cuisine.   d) Elle n'invite pas les amies.
3. a) Nous ne racontons rien.   b) Tu n'habites plus à Lyon.
   c) Elle ne téléphone jamais. (Elle n'appelle jamais.)
   d) Vous n'invitez personne.
4. a) fais / fais   b) fait / font   c) faites / faisons

Seite 43
1. savoir / savez / sais / savons / sait
2. a) veux / peux   b) veut / peut   c) voulez / pouvez
   d) veulent / peuvent
3. a) Jacques, tu peux aller au supermarché et acheter des oranges?
   b) Gilbert sait bien jouer au foot. Il est dans un club de football.
   c) Je ne peux pas jouer. Je suis malade.

Seite 45
1. a) mon / mes / mes / ma / ta / mon
   b) mon / mon / ton (son) / son (mon)
   c) ma / ma / mon / tes / tes / mon
2. a) Luc sucht sein Fahrrad, Nadine sucht ihr Heft.
   b) Vater hört seine CDs und Mutter schaut ihre Filme an.
   c) Herr Murat repariert sein Auto, Frau Nadaud organisiert ihre Feier.

Seite 47
1. a) *nos* / Vos / vos / notre / Votre   b) nos / Vos / notre / leurs
2. leurs / leur / leurs / leurs / leur
3. a) Nicole fête son anniversaire.
   b) Ses amies arrivent et mettent (posent) leurs (ses) cadeaux sur la table.
   c) Nicole et sa sœur attendent leurs parents.
   d) Leur voiture est en panne.

Seite 49

1. a) *Est-ce qu'elle aime le thé?* b) Est-ce qu'ils cherchent un hôtel?
   c) Où est-ce que tu habites?
   d) Quand (A quelle heure) est-ce que vous rentrez?
   e) A qui est-ce que Nathalie téléphone?
2. a) Où est-ce que tu habites en France?
   b) Est-ce que tu as des frères ou des sœurs?
   c) Pourquoi est-ce que tu apprends l'allemand?
   d) Quand (A quelle heure) est-ce que tu veux rentrer (à la maison)?
   e) Qu'est-ce que tu regardes à la télévision?
   f) Est-ce que tu aimes ma ville?

Seite 51

1. a) vas / vais / allons b) allez / vais / vais c) allez / allons / vont d) va / va
2. a) *On va aller* / vais lire / vont jouer / allons visiter
   b) *Je ne vais pas réparer* / ne va pas faire / ne vont pas faire / n'allons pas travailler
3. Mon correspondant va arriver après-demain.

Seite 53

1. a) attendent / attendez / attendons / attends
   b) attend / attends / attends / Attends
2. répond / réponds / réponds / réponds
3. prends / prends / prenez / prenons / prennent
4. a) (desc)end b) (re)nd c) (com)prenez

Seite 55

1. a) lisent / lisez / lisons b) lis / lis
2. a) dites / dis b) Dis / dit
3. écrivent / écrivez / écrivons / écris
4. Mettez / mets / mets

Seite 58/59

1. **Dictée** Les Murat attendent à la gare
   Katrin, la correspondante de Denise, va arriver aujourd'hui. Denise demande à sa mère:
   – Dis, maman, quand est-ce que le train de Halle va arriver?
   – A neuf heures et quart.
   Il est neuf heures. Denise attend à la porte.
   – Papa, maman, faites vite. On va être en retard.
   Les Murat prennent la voiture et vont à la gare. Le train n'est pas là. Les Murat attendent, et attendent ...
   Il est dix heures et demie. Pas de train! M. Murat demande à un monsieur:
   – Nous attendons depuis une heure. Pourquoi est-ce que le train de Halle n'est pas encore là?
   – Parce qu'il arrive à onze heures treize!

2. a) *Il est* huit heures et demie. b) Il est onze heures moins le quart.
   c) Il est cinq heures et quart. d) Il est trois heures moins dix.
   e) Il est deux heures vingt.
3. a) *A vingt*-deux heures trente-cinq. b) A quatorze heures seize.
   c) A douze heures trente.
4. a) Je ne peux pas aller au cinéma parce que j'ai mon club photo.
   b) Melanie travaille à l'hôtel. Elle sait parler français.
   c) Nadine sait jouer du piano. Elle a des leçons (cours) de piano.
5. a) *Denise n'écrit* pas la lettre à sa correspondante.
   b) Luc ne téléphone pas à Nathalie.
   c) Les enfants ne jouent pas avec l'ordinateur.
   d) Les touristes ne vont pas dans le centre ville.
6. a) *Nathalie ne travaille plus.* b) ne raconte rien
   c) ne regarde jamais la télévision d) n'invite personne
7. a) *Demain, il* va écouter un CD b) Demain, je vais regarder un film

Seite 60/61

1. **Dictée** La correspondante arrive
   La correspondante de Denise arrive enfin. Elle s'appelle Katrin Bauer et habite à Halle. Elle va passer ses vacances chez Denise. Elle veut visiter Paris, aller au cinéma et faire des balades.
   Elle met son sac dans la voiture de M. Murat et ils vont chez les Murat. Là, elles vont dans la chambre de Denise. Denise fait encore ses devoirs. Elle a un test d'allemand. Et, bien sûr, Katrin aide sa correspondante.
2. a) (tu) mets / (ils) mettent / (il) met
   b) écrire / (nous) écrivons / (elle) écrit
   c) (je) peux / (vous) pouvez / (ils) peuvent
   d) répondre / (tu) réponds / (vous) répondez
   e) lire / (il) lit / (nous) lisons
   f) (ils) prennent / (elle) prend / (vous) prenez
   g) attendre / (il) attend / (ils) attendent
   h) (tu) vas / (ils) vont / (nous) allons
   i) dire / (vous) dites / (elles) disent
   j) (vous) faites / (ils) font / (nous) faisons
   k) pouvoir / (nous) pouvons / (tu) peux
   l) savoir / (je) sais / (elles) savent
   m) vouloir / (tu) veux / (vous) voulez
   n) (vous) rendez / (je) rends / (il) rend
3. a) voulons b) peux c) faites d) sais e) vont f) écrit
4. a) Est-ce que les élèves mettent leurs livres sur les tables?
   b) Où est-ce que le père de Katrin travaille?
   c) Quand (A quelle heure) est-ce que Gilbert va au club de foot?
   d) Avec qui est-ce que Denise fait les devoirs d'allemand?
5. a) leurs b) votre c) sa d) vos
6. a) Katrin écrit des cartes à ses parents et à son amie.
   b) Denise et Gilbert réparent leurs vélos. Leur famille fait un tour à vélo.

Seite 63

1. a) terrible b) fantastique c) grande / petit d) petite e) intéressante f) bleue / noir g) jolie
2. a) grande b) noire c) mauvaise d) difficile
3. a) bonne / mauvaise b) dangereuse c) folle d) chère

Seite 65

1. a) françaises / super b) français / grand c) fermés d) fermées e) sncb
2. a) *Elles écrivent des histoires drôles.* b) Les BD sont mauvaises.
   c) Ils traversent des forêts dangereuses.
   d) Les cartons sont gris et noirs.
3. a) jolies b) drôles c) intéressantes d) difficiles

Seite 67

1. a) (une) grande (école) b) (un) petit (jardin) / (des fleurs) bizarres
   c) (une) bonne (cantine) d) (des histoires) intéressantes
   e) (des problèmes) terribles f) (des) mauvaises (notes)
2. a) Le professeur de maths pose des questions impossibles.
   b) Markus a beaucoup de jolies BD françaises.
3. a) Mme Leblanc est très malade; c'est une pauvre femme.
   b) Mon cher ami, tu as une voiture chère!

Seite 69

1. a) pars / pars / partent b) partez / partons / part
2. (so)rt / (d)ort / (d)ors / (S)ors / (par)tons / (s)ortons
3. a) préférez / préfère b) achetez / achète
4. a) épelons b) appelle c) préfère

Seite 71

1. a) *Est-ce que vous m'attendez? / Bien sûr. Nous t'*attendons.
   b) Tu me donnes tes cassettes? / Non, mais je te donne mes CD.
   c) Vous nous invitez à la fête? / Bien sûr. Nous vous invitons.
2. a) Luc ne me téléphone pas. Il ne m'aime pas.
   b) Je peux vous expliquer les devoirs.
   c) Je vais t'écrire la semaine prochaine.

Seite 73

1. a) *Oui, je les passe en Bretagne.* b) je le fête c) je les invite
   d) je leur écris e) je la prends
2. a) *je vais les faire* b) il va la montrer c) elle va leur écrire
   d) il va lui téléphoner

Seite 75

1. a) *de la* b) du c) de l' d) de la e) du f) du
2. a) *trois pots de* confiture b) Il prend deux bouteilles de coca.
   c) Il prend un carton d'eau minérale.
   d) Il prend trois bouteilles de limonade.
   e) Il prend un kilo de fromage. f) Il prend deux paquets de thé.

3. a) Daniel n'écoute pas de CD. Il est malade.
   b) Ce n'est pas de l'eau minérale, c'est de la limonade.

Seite 77

1. a) *Il a acheté* une carte d'Allemagne. b) Il a lu le guide.
   c) Il a fait la valise. d) Il a fermé la porte du jardin.
   e) Il a écrit une lettre à Florian. f) Il a pris une douche.
   g) Il a mis les pulls dans la valise. h) Il a répondu à la lettre de Katrin.
   i) Il a rangé la chambre.
2. (av)ez / (demand)é / (trouv)ez / (pouv)ez / (visit)er / (restaur)é / (all)ez / (trouv)er

Seite 80/81

1. **Dictée** Voilà Katrin au collège
   Lundi matin. Katrin va au collège avec Denise. L'école de Denise est grande, et pas très jolie. Mais Denise l'aime quand même. Beaucoup de professeurs sont sympathiques et l'ambiance est bonne.
   Denise explique son emploi du temps à Katrin. Elle a cours de huit heures dix à quatre heures. A dix heures moins dix, il y a une petite récréation. A onze heures et demie, on va à la cantine. La cuisine n'est pas mauvaise. Mais souvent, il y a un bruit terrible. Les cours recommencent à une heure et quart.
2. a) (tu) dors / (vous) dormez / (il) dort
   b) acheter / (ils) achètent / (vous) achetez
   c) appeler / (nous) appelons / (j') appelle
   d) (ils) servent / (tu) sers / (vous) servez
   e) sentir / (je) sens / (vous) sentez
   f) répéter / (ils) répètent / (je) répète
   g) peser / (nous) pesons / (vous) pesez
   h) (nous) sortons / (tu) sors / (il) sort
   i) épeler / (il) épelle / (nous) épelons
3. a) M. Murat achète trois bouteilles d'eau minérale au supermarché.
   b) Le professeur d'allemand répète souvent la (les) phrase(s).
   c) Nicole et Valérie servent le (du) thé dans la cuisine.
   d) Luc et Jacques partent en vacances samedi.
4. a) grande b) jolie / magnifique c) haute d) formidable
   e) intéressants f) bons / chers g) contents
5. a) Marc est un pauvre garçon. Il a des mauvaises notes.
   b) Je cherche une jolie maison avec un petit jardin.
6. a) m' / m' / m' b) l' / lui / l' / lui / te / m'

Seite 82/83

1. **Dictée** Un cours d'allemand
   Denise et Katrin entrent dans la classe. M. Pilote, le professeur d'allemand, les attend déjà.
   – Qu'est-ce que vous avez fait? Vous êtes en retard. Et la jeune fille, qui est-ce?
   – Pardon, monsieur. Katrin n'a pas trouvé la salle de classe. C'est ma correspondante allemande.

– Ah, bonjour, Katrin! Alors, pas de test aujourd'hui. Katrin, qu'est-ce que tu as déjà vu à Paris? Parle allemand, s'il te plaît. Mais non, parle de ta ville en Allemagne.

Pas de test! Les élèves français sont très contents.

2. b) du / je ne prends pas de café / Je prends deux paquets de café.
   c) des / je ne prends pas d'oranges / Je prends un kilo d'oranges.
   d) de l' / je n'achète pas d'eau minérale / J'achète quatre bouteilles d'eau minérale.
3. a) *Il n'a pas fait les devoirs.* b) Il n'a pas lu la BD.
   c) Il n'a pas bu son thé. d) Il n'a pas écrit la lettre.
   e) Il n'a pas regardé la télé. f) Il n'a pas invité les amis.
4. *Individuelle Antworten!* Das *passé composé* der Verben lautet: j'ai cherché, j'ai trouvé, j'ai montré, nous avons mangé, nous avons regardé, j'ai travaillé, j'ai téléphoné, on a acheté, j'ai écouté, nous avons visité, j'ai bu, j'ai lu, on a fêté, j'ai appelé

Seite 84

a) (il) fait / (vous) faites / (ils) font
b) pouvoir / (ils) peuvent / (vous) pouvez
c) (tu) vas / (nous) allons / (elles) vont
d) acheter / (nous) achetons / (tu) achètes
e) être / (vous) êtes / (ils) sont
f) (j') écris / (il) écrit / (ils) écrivent
g) préférer / (il) préfère / (vous) préférez
h) vouloir / (vous) voulez / (ils) veulent
i) (elle) a / (nous) avons / (elles) ont
j) savoir / (je) sais / (il) sait
k) mettre / (elles) mettent / (elle) met
l) dire / (je) dis / (vous) dites
m) (il) prend / (nous) prenons / (elles) prennent
n) lire / (elle) lit / (vous) lisez
o) (tu) appelles / (vous) appelez / (ils) appellent

Alphabetisches Verzeichnis

Hier kannst du feststellen, wo du die Übungen zu einem bestimmten Stoffgebiet findest.